edition**böhlissimo**

Johanna Reinisch

„Nimm an Löffl und iss mit"

Bäuerliche Kost – Vergessene Gerichte

Mit Rezepten

2. Auflage

Böhlau Verlag Wien · Köln · Weimar

Die Deutsche Bibliothek – CIP-Einheitsaufnahme
Ein Titeldatensatz für diese Publikation ist bei
Der Deutschen Bibliothek erhältlich

ISBN 3-205-77004-8

2. Auflage

Gedruckt auf umweltfreundlichem, chlor- und säurefreiem Papier.

Druck: Obersteirische Druckerei und Verlagsges. m.b. H. – A-8700 Leoben

Inhalt

Vorwort

In Zeiten von Berichten über BSE, Hormone im Fleisch und Umweltgifte in unseren Lebensmitteln sind viele Konsumenten zu Recht verunsichert und suchen nach Antworten auf ihre Fragen, was man denn heute noch ohne Bedenken und Angst vor unerwünschten Nebenwirkungen essen darf.

Daneben bedingt die industrielle Produktion der Nahrungsmittel nicht nur einen sehr niedrigen Preis für diese, auch das Konsumverhalten und die Einstellung der Menschen zum Essen und Trinken hat sich nachhaltig verändert. Lebensmittel haben ihre existenzielle Wertigkeit für Leib und Leben verloren, da sie im Überfluss vorhanden sind.

Abseits von Fastfood, probiotischen Joghurts und Schlankheitskuren zeigt uns Johanna Reinisch eine andere, fast vergessene Welt, in der vor nicht allzu langer Zeit die Gewinnung, Zubereitung und Vorratshaltung von Lebensmitteln für das Überleben der bäuerlichen Familien von existenzieller Bedeutung war. Mit vielen liebevollen Details und spannenden Geschichten führt sie uns in die bäuerliche Welt ihrer Kindheit und lehrt uns damit gleichzeitig eine neue Wertschätzung für die Natur, die uns umgibt.

Dr. Franz Siegfried Wagner
Bio- und Lebensmittelchemiker

Es war für mich eine große Freude, meine Tante Johanna Reinisch bei dem Buchprojekt über die bäuerliche Kost und Selbstversorgung zu unterstützen.

Nicht nur ihre „Zaunbändernudeln" und ihr gutes selbst gebackenes Brot haben mich überzeugt, aus ihren Ideen ein Projekt für die Öffentlichkeit zu machen. Auch ihre Begeisterung und ihre Freude, altes Kulturgut für die Nachwelt zu sammeln, zu erhalten und aufzuzeigen waren für mich dazu ausschlaggebend.

Dankbar bin ich ihr für die vielen gemeinsamen Stunden, die wir rund um das nun vorliegende Buch verbracht haben. Dabei habe ich nicht nur sehr vieles über den bäuerlichen Alltag auf dem Hof meiner Großeltern erfahren, sondern ich wurde auch zum Nachdenken über die Bedeutung und die Wertschätzung der Nahrung in der heutigen Zeit angeregt.

Dieses Buch leistet einen wertvollen Beitrag zur Kulturgeschichte rund um die bäuerliche Kost und Selbstversorgung. Eingebettet zwischen längst vergessenen Arbeitsweisen, Sitten und Gebräuchen innerhalb eines Bauernjahres erzählt dieses Buch von der Beschaffung der Nahrung, von Zubereitungsarten, von Essensgewohnheiten, Tischsitten, von der Vorratswirtschaft und der Lebensmittelkonservierung, von der besonders streng eingehaltenen Fastenkost ebenso wie von dem geradezu üppig gedeckten Tisch zu den Festtagen. Auf sehr natürliche und herzliche Weise sind persönliche Kindheitserlebnisse rund ums Essen und den bäuerlichen Alltag in die Erzählungen eingebracht und lassen eine vergangene Zeit wieder zum Leben erwecken.

Mag. Maria Brunner
ProKultur, Projekte und Kulturvermittlung

Mein Heimathaus vulgo „Priegl" im weststeirischen Trahütten
mit Blick auf die Koralpe.

Erinnerungen

Ein Wort vorweg

Im Jahr 1943 wurde ich als jüngstes von acht Kindern am Prieglhof in Trahütten in der Weststeiermark geboren. Meine Eltern bewirtschafteten dort mit uns Kindern einen siebzig Joch großen Bergbauernhof in 900 Metern Seehöhe.

Was ich hier erzähle, erlebte ich in meiner frühen Kindheit. Es waren die letzten Jahre der absoluten Selbstversorgung am Bauernhof, die in den frühen fünfziger Jahren nach und nach zu Ende ging.

„Alles zu seiner Zeit!" Diese Regel galt bei der Verköstigung der Bauern, als sie noch Selbstversorger waren. Hart arbeiteten sie dafür, bloß für die Grundbedürfnisse, fürs Essen und Trinken sowie für warme Kleidung jahrein, jahraus. Dennoch war die Hektik unbekannt. Von klein auf wurden die Kinder zur Arbeit angehalten. Jedes Familienmitglied, wie auch das Gesinde, hatte sich in ein festes Gefüge einzuordnen und den harten Lebensregeln zu unterwerfen. Kein Platz blieb für die Eigenständigkeit des Einzelnen. Feste und Feiern im Kirchenjahr bildeten meist die einzigen Höhepunkte im Arbeitsjahr.

Vom Geschick der Bäuerin, von ihrem Fleiß und Können, so wie sie die Lebensmittelvorräte einteilte, bevorratete und verwertete, hing mehr oder weniger das Wohlbefinden der Hausgemeinschaft ab. Die Kost wurde der Schwere der Arbeit angepasst. Fastentage waren äußerst karg gehalten, die Festtage kamen jedoch durch üppiges Essen zur Geltung.

Wie dies alles meine Mutter bewerkstelligte, von ihrem unermüdlichen Fleiß und ihrer Ausdauer bei der Beschaffung und Zubereitung unserer Kost, die zwar einfach, aber dank Mutters Kochkunst äußerst geschmackvoll war, davon möchte ich in diesem Buch erzählen. Es sind Erlebnisse und Geschichten vom Essen und rund ums Essen. Auch von den Sitten und Gebräuchen auf unserem Hof, wie ich sie selbst miterlebt habe, handeln meine Erzählungen. Keinesfalls möchte ich dabei die Vergangenheit verherrlichen, auch wenn ich doch auf eine relativ schöne Kindheit zurückblicken darf.

Bei den vielen intensiven Gesprächen, die ich zum Erfahrungsaustausch mit meinem Mann, meinen Geschwistern und vielen Freunden und Bekannten geführt habe, kamen wir immer wieder einhellig zum Schluss, dass ein voller Bauch, eine warme Stube und warme Kleidung an kalten Wintertagen den Menschen von damals die volle Zufriedenheit gewährte.

Durch den großen wirtschaftlichen Aufschwung nach dem Krieg begannen sich die alten bäuerlichen Strukturen aufzulösen. Es setzte die Landflucht ein. Der Bauernstand war daher gezwungen, seine Betriebe immer mehr zu mechanisieren. Plötzlich hatten bäuerliche Produkte einen Marktwert und der sichere Absatz erbrachte auch gute Erlöse. Die Betriebe begannen sich zu spezialisieren und mit der absoluten Selbstversorgung am Bauernhof war es endgültig vorbei.

„Das Alte bewahren, für das Neue offen sein", mahnte Erzherzog Johann. Mit meinen Aufzeichnungen will ich einerseits bäuerliches Kulturgut erhalten, andererseits auch aufzeigen, wie fleißig, geschickt und beharrlich unsere Vorfahren nur für das nackte Überleben gearbeitet haben. Diese Eigenschaften sind meiner Meinung nach auch heute, in der total konträren Situation, von ausschlaggebender Bedeutung und nach wie vor Garanten für ein gelungenes Leben.

Johanna Reinisch

Meine Eltern und Geschwister im Frühjahr 1943.
Ich war noch nicht auf der Welt.

Eine Familie satt kriegen

Meine Mutter und die bäuerliche Selbstversorgung

Meine Mutter war eine Kleinbäuerin und konnte sich keine Magd leisten. Ihre Arbeit bewältigte sie mit uns heranwachsenden Töchtern. Der wichtigste Verantwortungsbereich war die Sorge um die Nahrung.

Die Lebensmittel wurden zur Gänze selbst erzeugt. In schlechten, finsteren Stallungen wurden Küken, Ferkel, Kälber und Lämmer großgezogen. Vom Küchenkraut übers Gemüse bis zum Getreide – alles musste dem Boden in mühevoller und aufwendiger Arbeit abgerungen werden. Eine weitere Kunst bestand darin, Gemüse für die Wintermonate, Fleisch und Fett für die heiße Jahreszeit haltbar zu machen. Besonders viel Fingerspitzengefühl gehörte dazu, die Lebensmittelvorräte so einzuteilen, damit das ganze Jahr über genug zum Essen da war, es war ja tagaus, tagein eine große Familie satt zu kriegen.

Der ganze Vormittag war mit der Zubereitung des Mittagmahles ausgefüllt. Meine Mutter verrichtete all diese Arbeit mit einer feierlichen Ruhe.

Sobald ich auf den Beinen war, wich ich nicht mehr von Mutters Schürzenzipfel. Schon ab etwa vier Jahren half ich meiner Mutter beim Kochen.

Auch an die Kleidung musste gedacht werden. Schafe wurden geschoren, denn ihre Wolle lieferte Rohstoff für warme Oberbekleidung und Strümpfe. Sehr viele Arbeitsgänge erforderte der Flachsanbau, um das nötige Material für Rupfengewebe zu erhalten.

Neben all dieser Arbeit brachte meine Mutter acht Kinder zur Welt und zog sie auf. Viele Nächte wachte sie wohl bei zahnenden oder fiebernden Kindern. Auch für kranke Tiere hatte sie eine gute Hand.

Trostsuchende fanden nach einem Gespräch mit ihr wieder Mut und Kraft, um ihre Situationen besser durchzustehen. Sie war eine gute Zuhörerin. Sommerfrischler vom nahen Wirtshaus kamen immer wieder gerne vorbei, um mit ihr zu plaudern.

„Beklage nie den Morgen, der Müh und Arbeit bringt, es ist so schön zu sorgen, für Menschen, die man liebt" oder „Mach es wie die Sonnenuhr, zähl die heiteren Stunden nur".

In jeder Stube hingen Wandschoner mit solchen aufmunternden Sprüchen. Wie konnte es da einer Frau einfallen, sich über die viele Arbeit oder über ihre miese Situation zu beklagen?

Meiner Mutter kam das auch nie in den Sinn. Nie hörte ich Klagen über die viele Arbeit oder über Beschwerden, die sie sicher oft geplagt haben. Ihr Verhalten ist mir bis heute ein großes Rätsel, unverständlich, wie sie ihre Situation bewerkstelligt hat. Mit unheimlicher Geduld und Ausdauer, aber ohne Hektik, stets ruhig, sorgte sie für Familie und Wirtschaft von frühmorgens bis spätabends. Ihre einzige Kraftquelle war das Gebet und der Glaube. Sonntags ging sie zur Frühmesse um halb sieben Uhr. Das war ihre einzige Freizeit. Eine Stunde später war sie wieder zu Hause und setzte ihre Arbeit fort.

Meine Mutter hatte die Gabe, den Dingen auf den Grund zu gehen. Sie hielt nichts vom damals grassierenden Aberglauben, z. B., dass über den Jahreswechsel zum Trocknen aufgehängte Wäsche Unglück bringe. Die christliche Botschaft war ihr wesentlich. Sie erzählte uns Gleichnisse und Geschichten aus der Bibel.

Sie war der Überzeugung, die ihr zahlreich zugefügten Ungerechtigkeiten mit Demut ertragen zu müssen. Nie lud sie ihren Ärger bei jemandem ab. Gerechtigkeit erhoffte sie sich erst im Himmel.

Fortgegangen ist sie nur zu Wallfahrten, Hochzeiten, Taufen und Begräbnissen. Sie kümmerte sich nicht ums Getratsche der Leute. Imponiergehabe und Konkurrenzdenken waren ihr fremd.

Das Leben meiner Mutter war wohl so ausgefüllt, dass sie keine Zeit fand, ihre Rolle in Frage zu stellen. So hat sie dem damaligen Frauenbild voll entsprochen.

Meine Mutter und meine ältere Schwester Mitzi, um 1976.

Meine Eltern, meine Geschwister, die kleine Nichte Resi und ich, 1950.

Im Holzofen gebackenes Brot.

Unser tägliches Brot

Auch heute gibt es bei uns oft Speck zur Jause.

Speckbrotessen verlangt eine besondere Handhabung.

Jausenbrot

Vom Mistführen, Pflügen und Eggen

Der Cousin meiner Mutter, der Karner-Friedl, erzählte mir oft von seiner Kindheit, die er in bitterer Armut im Betleitengraben nach der Jahrhundertwende erlebte.

Von der Schule heim machte er, wenn der Hunger besonders schlimm war, einen Umweg zur Schoberbäuerin. Obwohl vor dem Haus der Brunnen stand, ging er in die Stube und bat um Wasser. Die herzensgute Bäuerin wusste ganz genau, dass Friedl nicht nur Durst, sondern auch Hunger hatte, und gab ihm ein Stück Brot. Oft schenkte sie ihm für seine Familie einen ganzen Laib Brot.

Mein Vater erzählte mir einmal von einer Begebenheit, welche die Bedeutung des Brotes für die Menschen am Bauernhof besonders zum Ausdruck bringt. 1834 brach in unserem Gebiet wegen Trockenheit eine große Hungersnot aus. Da wechselten Grundstücke für einen Laib Brot ihre Besitzer. Mit unserem Nachbarn wurde zu dieser Zeit ein Joch Grund für einen Laib Brot eingetauscht. Dieses Grundstück wird auch heute noch als „Laib-Brot-Wiese“ bezeichnet.

Das Gelingen und die Güte des Brotes hing von vielen Faktoren ab, angefangen vom zeitgerechten Anbau. Der Weizen musste schon Ende September zu Michaeli (29. September) gesät werden, damit er sich vor dem ersten Schnee kräftig anstocken konnte. Der Roggen hingegen sollte erst keimen, bevor der Schnee kam. Er wurde daher erst Ende Oktober auf dem abgeernteten Erdäpfelfeld angesät.

„Stolz aufs Pferd.“ Viele Jahre verrichtete auch auf unserem Hof ein Pferd die Zugarbeiten.

Der Weizen wurde auf einer gut gedüngten Egat angebaut. Zum Mistführen wurden alle Ochsen, Kühe und Kalbinnen eingespannt, die in der Lage waren, ein Häuferl Mist auf einem Karren auf den Acker zu ziehen. Dort stand mein Vater und zog mit einem Krail gleichmäßig große Haufen Mist vom Karren, welche in schnurgeraden Reihen zu liegen kamen.

Ich war mit meinen damals zehn Jahren noch recht schmächtig, musste aber trotzdem schon einen Fuhrmann für ein solches Gespann abgeben. Den Zugtieren musste ich zu verstehen geben, dass ich mit ihnen fahre und nicht umgekehrt. Dies erforderte alle meine Kräfte. Meine Mutter und meine Schwester Mitzi zerstreuten den Mist sorgfältigst.

Ganz selbstverständlich gab es zum Mistführen Speck zur Jause.

Ochsen-, Kuh- und Pferdegespanne, wie sie in meiner Kindheit auf unserem Hof üblich waren.

Vom schönen, gut gereiften luftgetrockneten Speck schnitt die Mutter für jeden einen Keil vom großen Bachen ab. Ebenso bekam jeder ein Stück vom großen Laib Brot. In die linke Hand, zwischen Daumen und Zeigefinger klemmten wir das Speckstück. Zwischen Mittelfinger und Ringfinger den Brotkeil. Dann schnitten wir mit dem Feitel abwechselnd einmal feinblättrig den Speck herunter, dann wieder einen Brocken vom Brotkeil. Unseren Durst löschten wir mit einem Krug voll Most. Die Hände haben wir uns vorher nie gewaschen!

Mit den beiden stärksten Ochsen wurde gepflügt. Gemächlich zogen die Ochsen Furche um Furche. Beim Führen der Ochsen musste ich darauf achten, dass einer in der Furchenrille und der andere noch auf dem ungepflügten Boden gleichmäßig dahinschritt. Während den Ochsen eine kurze Rast gegönnt war, zog der Baumann, der Pflüger, mit einer Haue am Ackerrand eine Rille, um den Pflug nach dem Wenden wieder einsetzen zu können.

Das Wenden war schwer. *„He umma, he umma!"*, bettelte ich die Ochsen an, damit sie ganz langsam und mit kleinen Schritten wieder auf den richtigen Platz kamen und auch dabei nicht aus den Strängen stiegen. Der Vater oder ein großer Bruder plagten sich mit dem Pflug.

Besonders beim Frühjahrsanbau wehte oft ein eisiger Almwind. Die Finger waren dann blau gefroren, daher steckte ich zum Aufwärmen meine Hände unters Ochsenkummet. Waren nur ein paar Furchen gezogen, war auch schon das Schafhalterl, ein Feldsperling, da, um fleißig auf der frisch umgebrochenen Erde nach Würmern zu suchen. Zur Futterzeit hin waren die Ochsen nur noch sehr schwer in Bewegung zu halten. Wurde der Pflug aber losgespannt, stürmten sie stallzu.

Mit einem Ochsengespann konnte pro Tag ein Joch (etwa ein halbes Hektar) gepflügt werden. Das ist die Erklärung für dieses alte Flächenmaß.

Manchmal kam unser Nachbar, der Parfußwirt, mit seinen feurigen Rössern und pflügte den Acker mit unvergleichlicher Geschwindigkeit. Die Pferde dampften und weißer Schaum triefte von den Mäulern.

Vom unteren Ackerrand, der so genannten Brort, wurden zwei Furchen Erde zum oberen Ackerrand geführt.

Erst als der Acker fertig gepflügt war, verteilten wir die Erdhaufen in der letzten offenen Furchenrille, damit der Acker wieder gleichmäßig geschlossen war. Diese schwere Erdenarbeit war das *Ehnaufführn.*

Geeggt wurde wieder mit allen unseren Gespannen. Auf die grob zerrissenen Furchen wurde dann gesät.

Weizenes Brot

„Dass du die Früchte der Erde geben und erhalten wollest." Vom Bangen und Beten um die Ernte und vom Erntedank

Zum Säen band sich der Vater ein großes rupfernes Führtuch um, in welches die Mutter das *Saattroad*, den Getreidesamen, schüttete. Beide Schürzenzipfel fasste der Vater mit der linken Hand und säte mit der rechten Hand langsamen Schrittes.

Drei Faustwürfe säte der Vater im Bogen auf einen Schritt nach rechts außen, in die Mitte und nach links außen. Den mit Saatgut vollen Korb auf dem Kopf ging die Mutter dabei vor dem Vater und zeigte ihm, wie weit zu säen war. Mit dem Getreidevorrat füllte sie immer wieder die Schürze des Vaters. Der Same wurde gut eingeeggt, um ihn vor Vogelfraß zu schützen. Am Ende putzte die Mutter die Ackerränder mit dem Rechen zu. Beim letzten Eck des Ackers zeichnete sie mit dem Rechen drei Kreuze und empfahl das Gedeihen des Getreides dem Schutze Gottes.

Nicht selbstverständlich und ohne Zutun hat man diesen Schutz in Anspruch genommen.

Das ganze Jahr über wurde fleißig darum gebetet. Die erste Bittprozession war am Markustag, dem 25. April. Zu den Bitttagen, das waren die drei Tage vor dem Christi Himmelfahrtstag, zogen wir betend über Felder und Wiesen: „Dass du die Früchte der Erde geben und erhalten wollest!"

Am Pfingstsonntag vor Sonnenaufgang ging der Vater von Acker zu Acker und steckte eine geweihte Palmrute in die Erde und betete dabei um Segen und Gedeihen. Zog im Sommer ein Gewitter auf, legten wir Kreuze aus Palmholz vors Haus. Dann hat die Mutter die Lichtmesskerze angezündet und alle Familienangehörigen bangten und beteten um die Ernte.

Den Sommer über wurden sonntags vor dem Hochamt die Inizien abgehalten. Bei dieser Prozession um die

Ein Kreuz auf der Handalpe.

Kirche bildeten die vier Nischen in der Friedhofsmauer zum Abstellen der Monstranz die Stationen für die Evangelien.

Die bäuerliche Bevölkerung hat diese Prozession gern als Unwetter abwendende Handlung angenommen.

Jährlich am fünften Sonntag nach Ostern, dem so genannten *Mitterkrfatsonntag*, machte unsere Pfarrgemeinde nach Maria Osterwitz eine Wallfahrt. Osterwitz ist ungefähr zwei Gehstunden von Trahütten entfernt. Die dort verehrte Gottesmutter wurde als „Brotmutter" um Schutz und Segen bei bäuerlichen Belangen angerufen. Bitte um Gesundheit bei Mensch und Vieh sowie die Sorge um die gute Ernte, alle Anliegen wurden vorgebracht.

Als Wegzehrung bekamen wir zum Wallfahrten in einem Zegger ein *woazanes* Brot mit. Nicht nur bei Wallfahrten, sondern auch beim Almgehen und bei Schulausflügen gab es diese Köstlichkeit.

Dieses helle Brot war bei uns eine Rarität. Denn durch das rauere Klima ist bei uns der Weizenertrag im Gegensatz zum Roggen nie sehr ergiebig ausgefallen. Mein Vater träumte daher oft ein Ebenbauer, ein Flachlandbauer, zu sein. Denn dann hätte er immer Weizenbrot zu essen gehabt.

Hagel und heftige Regengüsse konnten das Getreide lagern. Im geknickten Zustand am Boden liegend konnte es jedoch nicht gut ausreifen. Aus solchem Getreide wurde das Mehl minderwertig und folglich war schwer daraus Brot zu backen. Es war dann entweder speckig oder rinkhebig, das heißt hohlrindig.

Auf schattseitigen Grundstücken wurde das Korn in den Sommermonaten von Mehltau, einer Pilzkrankheit, befallen. Dadurch konnte die Ähre nicht ausreifen.

War es den schattseitigen Bauern möglich, ein Stück Wald zu roden, dann brannten sie ihn ab und in die Asche säten und hackten sie den Kornsamen ein. Schwere und volle Ähren hatte dieses Getreide dann und es wurde gutes Brot daraus.

Das Reuten ist die älteste Form des Urbarmachens. Die Asche enthielt viel Kali, Kalk und Spurenelemente und machte die Pflanzen widerstandsfähig gegenüber Krankheiten. Die Erntearbeit war auf den holprigen und steinigen Boden jedoch noch um einiges schwerer.

Meine späteren Schwiegereltern bewirtschafteten lange einen solchen schattseitigen Hof. Als mein Mann vier Jahre alt war, kauften sie jedoch unter großen Entbehrungen einen Hof auf der Sonnseite. Die große Sorge um gutes Getreide und um das tägliche Brot war dadurch weniger geworden.

„Wir pflügen und wir streuen den Samen auf das Land, doch Wachstum und Gedeihen liegt nicht in unserer Hand."

Dieses Lied sangen wir dankbar und ehrfurchtsvoll am Erntedanksonntag im Oktober. Am Vortag brachten wir von unserer Ernte von jeder Sorte ein paar Früchte mit zur Kirche. Der Hochaltar war mit Pfarrers Weintrauben und pausbäckigen roten Äpfeln geschmückt. Auf den Seitenaltären lagen unter anderem Krautköpfe, Karotten, Rote Rüben und Getreideähren. Die Altarstufen wurden mit Saufutter wie Burgunder, Böhmer und Erdäpfel belegt.

Entnahme des Getreides aus der Troadschrain.

Verhackertbrot

Vom Getreideschnitt, vom Einführen des Getreides und vom Dreschen

Ab Anfang August begutachtete mein Vater täglich die Getreideäcker, um den richtigen Zeitpunkt für den Getreideschnitt zu finden. War es endlich so weit, rückte die ganze Familie mit Getreidesense und Sicheln auf das Kornfeld aus.

Mein ältester Bruder Franz mähte mit der Sense das Getreide an. Meine Aufgabe war es, aus kleinen Getreidebüscheln Bänder zu drehen. Wehe, wenn eines schlampig gedreht war.

Die Frauen fassten geschickt das angemähte Getreide zu Garben und banden sie mit meinen gedrehten Kornbändern zusammen. Die fertigen Garben wurden dann schräg mit den Ähren bergzu in gerade Reihen gelegt.

Das Roggenschneiden war eine gefürchtete Arbeit. Das lange, sperrige Stroh, die spitzen Gräten der Ähren, manch stechendes Unkraut und die Augusthitze machten uns allen sehr zu schaffen. Arme und Beine waren arg zerkratzt. Ich achtete stets darauf, die Lippen fest verschlossen zu halten, um ja keine Gräte in den Mund zu bekommen, da dies sehr schmerzhaft war.

Sehnlichst wartete ich auf die Jause, die meine Mutter nachmittags um vier Uhr auf das Feld brachte. Sie hatte im Zegger einen viertel Laib Brot, ein großes Messer zum Brotschneiden und ein kleines Streichmesser sowie in einem Tegel Verhackert oder Butter mitgebracht. Auch der große Krug mit gewässertem Most fehlte nicht.

Jeder von uns nahm sich eine Garbe zum Draufsitzen, und so platzierten wir uns im Halbkreis. Brot und Tegel wurden herumgereicht. Jeder richtete sich sein Brot selber, das dann schweigsam verzehrt wurde. Mit gewässertem Most löschten wir unseren Durst. Der Mostkrug wurde, wenn er nicht gerade in der Hand eines Durstigen war, streng beobachtet, damit er am holprigen Feldboden ja nicht umkippte.

Erst als die Sonne etwas tiefer stand und das Stroh daher nicht mehr so spröde war und die Körner besser in den Ähren hielten, schöberte mein Vater die Garben zu Hiefeln. Um eine Holzstange als windfestes Gerüst wurden achtzehn Garben Reihe um Reihe zum Trocknen aufgeschichtet und mit einem Garbenhut abgedeckt. Garbe um Garbe holte ich mit meinen Schwestern und reichte sie dem Vater. Sorgfältig sammelten wir Kinder alle losen Ähren vom Ackerboden auf, damit ja kein Korn verloren ging. Wir arbeiteten oft bis spät in die Nacht. Schon lange zuvor war ich mit meinen Gedanken bei dem köstlichen Nachtmahl, das uns die Mutter in Aussicht stellte, Rahmgurken und heurige Erdäpfel.

Der Weizenschnitt war bedeutend leichter und angenehmer. Das Stroh war kürzer und weicher, die Ähren hatten keine gefürchteten Gräten, ich konnte dabei sogar barfuß gehen. Jedes Mal, wenn wir einen Acker fertig abgeerntet hatten, juchetzte (jauchzte) mein Bruder Luis vor Freude ein paar Mal. Manchmal kam auch eine Antwort vom gegenüberliegenden Nachbarn zurück.

Nach dem Weizenschneiden gab es die Schnitterkrapfen. Als Lohn für die getane Arbeit richtete die Mutter eine große Schüssel mit Schnapskrapfen.

Nun war das große Bangen um die Ernte vorüber. Die Sorge um das geschöberte Getreide blieb aber bestehen. Je nach Witterung konnte das Getreide zehn bis vierzehn Tage nach dem Schnitt eingeführt werden. Auf dem Heukarren breiteten wir Tücher, welche die losen Körner des Getreides auffingen. Drei Hiefeln, das war ein Schober, reichten für eine *Troadfua*.

Im Stadel wurde am Gsper in luftiger Höhe der *Troadstoß* gelegt. Platzsparend, nach genauen Regeln, verstand es Luisi, meine älteste Schwester, diese Stöße zu errichten. Wind und Frost trockneten das Getreide zur Gänze. Es konnte nach dem Drusch sofort in der *Troadschrain* am Dachboden des Hauses verwahrt werden. Es war dann mahlfertig.

War das Getreide eingebracht, waren die Menschen am Hof von einer großen Sorge befreit. Denn sogar nach dem Schnitt konnte längerer Regen auf die trockenen Hiefeln die Getreidekörner zum Auswachsen, das heißt zum Keimen bringen. War das der Fall, hatte dies eine minderwertige Mehlqualität zur Folge.

Vor einem Schlechtwettereinbruch haben wir daher nicht selten das *Troad* in der Nacht eingeführt, um es so in Sicherheit zu bringen. Wir mussten uns im Dunklen gut zurechtfinden. Die Arbeit im stockfinstern Stadel haben wir bei nur einem Funzerl Licht aus einer feuerfesten Laterne bewerkstelligen müssen.

Im Advent wurde mit dem Dreschen im Stadel begonnen. An das Drischeldreschen, das war das Dreschen mit

Dreschflegel, kann ich mich nicht mehr erinnern, denn wir hatten eine Stiftendreschmaschine. Diese gefährliche Arbeit an der Maschine übernahm der Vater selbst, denn ohne Vorsicht konnten die rotierenden Eisenstifte eine Hand wegreißen. Meine Arbeit war es, die Bänder rund um die Garben aufzulösen und dem Vater die losen Getreidebüschel auf den Dreschtisch zu reichen. Ich brauchte ein Stockerl, um überhaupt hinaufzulangen.

Das Getreide fiel samt Spreu durch einen Rost in die Tenne, wo es einen gleichmäßigen spitzen Berg bildete.

Viel Staub haben meine Mutter und meine großen Schwestern beim Reinigen des Getreides mit Reitern geschluckt.

Die Kornspreu, das Kornam, wurde in die Wegfurchen entsorgt, damit die spitzen Korngräten niemanden verletzten konnten. Mit dem weichen Weizenam hat meine Mutter unsere Kopfpölster gefüllt.

Nach zweimaligem Reitern wurde das Getreide noch mit der Getreidewinde gereinigt, um die Unkrautsamen zu beseitigen. In Säcke gefüllt trugen meine großen Brüder das Getreide auf den Dachboden des Wohnhauses und leerten es in die *Troadschrain*. Für jeden Getreidesack wurde ein Kreidestrich auf den Schrein gezeichnet, um über die Menge des Getreidevorrats Bescheid zu wissen.

Der Roggenertrag war weit ergiebiger als der vom Weizen. Daher teilte die Mutter den Weizenvorrat genau ein. Für Saat und Vorrat und etwaige Missernten behielt sie eine bestimmte Menge zurück. Den Rest teilte sie in zwölf

Teile. Eine Teilmenge konnte sie das Jahr über monatlich verbrauchen.

Zum Kochen wurde es z. B. für Einbrenne, Milchkoche und Nudeln ebenso verwendet wie zum Backen für z. B. Wuchteln, Krapfen, Tegelbrot und *Boggerln.* Außerdem wurden bei jedem Brotbacken zwei Laibe *woazanes* Brot mitgebacken.

Auch *woazanen* Sterz kochte meine Mutter des Öfteren. Denn dadurch, dass bei uns auf 900 Meter Seehöhe kein Mais mehr wuchs, hatte der Türkensterz in unserer Verköstigung keinen großen Stellenwert. Das Weizenmehl schüttete meine Mutter ins siedende Salzwasser und ließ darin den entstandenen Mehlklumpen eine viertel Stunde lang ziehen. Danach schüttete sie etwas Wasser ab und zerriss mit einer Sterzgabel den großen Klumpen in kleine Mehlbrocken. Nebenbei schöpfte sie mit einem Löffel schon kräftig zerlassenes Grammelschmalz darüber und ließ den Sterz zugedeckt gut durchdämpfen. Natürlich schmeckte uns der „Schmalzräuber", wie wir den Sterz spaßhalber wegen des großen Schmalzaufwandes nannten, nur zu gut zu einem Häferl heißer Milch. Oft konnte ich mich nach so einem fetten Essen vor lauter Sattsein kaum mehr rühren.

Zehn Laib Brot

Vom Mahlen des Getreides und vom Brotbacken

Unsere Mühle stand an einem kleinen Bächlein im Graben unseres Waldes. Da dieses zu klein war, um direkt das Mühlrad anzutreiben, hatte Vater einen Teich ausgehoben. Am Vortag eines Mahltages ging ich meistens mit meiner Schwester Tilde zum Teich, um mit einem großen hölzernen Stoppel den Teichabfluss abzusperren. Über Nacht füllte sich dann der Teich.

Am nächsten Morgen füllte mein Bruder Toni einen siebzig Kilogramm schweren Sack mit Getreide, legte ihn auf einen Ziehkarren und zog dieser zur Mühle. Er öffnete die Wasserabsperrung am Teich und musste danach trachten, mit dem Mahlen fertig zu sein, bevor der Teich leer war. Mit großem Druck schoss das Wasser durch die hölzerne Rinne, die so genannte Nursch, zum Mühlrad. „Klapp, klapp, klapp", setzte sich dieses in Bewegung und trieb die Mühlsteine an.

Das Korn ließ Toni in einem feinen Strahl durch die Gosse, einen trichterförmigen Behälter, zwischen die Mühlsteine rieseln. Das geriebene Mahlgut wurde in den Mehlbeutel geschleudert, der im Mehlkasten eingespannt war.

Das Mehl wurde in dem grobmaschigen Beutel gleichzeitig ausgesiebt und im Mehlkasten aufgefangen. Durch das immer währende Schütteln der Mehlbeutel entstanden laufend Löcher. Daher wurden die Beutel vor jedem Mahlen von meiner Mutter genauestens kontrolliert und die Löcher gestopft.

Mit einer Kuh fuhr ich zur Mühle und holte meinen Bruder mit dem Mahlgut ab. Dabei murmelte ich immer wieder gerne Reime vor mich hin.

Die angefallene Kleie wurde den Tieren verfüttert. Das Mehl kam in die Mehltruhe. Diese stand bei uns am Dachboden. Sie hatte drei Unterteilungen. Im größten Fach lagerten wir das Roggenmehl, im mittleren das Weizenmehl und im kleinsten das Weißmehl.

Vor dem Zufrieren des Mühlbaches musste der Wintervorrat an Mehl angelegt werden.

Ging der Brotvorrat zur Neige, so richtete die Mutter zum Backen. Am Dachboden des Hauses zählte meine Mutter etwa dreißig große Schaufeln Mehl aus der Mehltruhe in den großen hölzernen Brottrog.

Inzwischen rieb ich am Dachboden mit einem Reibeisen vom Salzstock Salz ab und füllte es in einen Krug. Salz bekam man in meiner Kindheit als ganzen Block in der Größe von etwa einen halben mal einen halben Meter zu kaufen.

Die steile Bodenstiege hinunter plagten wir uns sehr mit dem schweren Brottrog, den wir dann in der Stube in Ofennähe auf einem massiven Stockerl abstellten.

Bei jedem Backen wurde ein Teil des Teiges, das Dampfl, weggenommen und aufbewahrt. Diesen eingetrockneten Sauerteig weichte meine Mutter mit warmem Wasser auf und setzte in einer Mehlgrube ein Dampfl an. Die Sauerteigbakterien konnten sich nun über Nacht gut entwickeln. Für das schwere Roggenbrot ist als Treibmittel nur Sauerteig geeignet.

Am Vortag des Backtages bereits half ich meiner Mutter das Buchenholz von einem separaten Holzstoß von der

Als Kind beobachtete ich immer fasziniert das Schauspiel des Feuers im Brotbackofen.

Noch heute bäckt meine Schwägerin in meinem Heimathaus im alten Ofen gutes Brot. Im Vordergrund sind die aufgegangenen Laibe in den Leitzkörben zu sehen.

Holzhütte in die Stube zu tragen. In meine vorgestreckten Arme legte meine Mutter jeweils zwei Scheite, die ich vor den Ofen hinwarf.

Mit einem Schubser half mir meine Mutter in den Ofen. Meine Aufgabe war es nun, das Ofenholz zu schlichten. Im dunklen, niedrigen Ofengewölbe musste ich kniend oder liegend zwölf Buchenscheite zu einem ordentlichen Kreuzstoß aufbauen. Ich war immer heilfroh, wenn ich nach getaner Arbeit aus dem rußigen Verlies heraus durfte.

Das Brotbacken war eine aufregende Angelegenheit für mich. Zeitig in der Früh mühte sich meine älteste Schwester Luisi, ein kräftiges Mädchen, mit dem Kneten

Das Brot wird vor dem Anschneiden mit drei Kreuzen gesegnet.

des schweren Roggenteiges. War das Dampfl mit Mehl vermengt und mit handwarmem Wasser glatt genug geknetet, wurden mit der Leitzschüssel zehn Laibe daraus geformt.

Während der Teig in den zugedeckten Leitzkörben aufging, beobachtete ich immer wieder fasziniert das Schauspiel des Feuers durch das angelehnte Ofentürl.

Den Gluthaufen verteilte die Mutter mit einer Holzkrücke, die sie vorher in Wasser getaucht hat. Mit einem Besen aus Fichtenreisig kehrte sie dann die Holzkohle aus dem Backofen.

Nun brachte ich der Mutter Korb um Korb und stürzte die Brote auf die Ofenschüssel, einem runden Brett an einem langen Holzstil. Die Mutter verteilte das Brot geschickt im Ofen. Beim „Broteinschießen" wurde die Stubentüre abgeschlossen, damit ja kein Luftzug dem Teig schaden konnte.

Schon bald verbreitete sich ein köstlicher Duft im Haus. Eine halbe Stunde nach dem Einschießen des Roggenbrotes kamen auch noch zwei Weizenbrotlaibe in den Ofen. Bacherlwarm war die Stube im Winter nach einem Backtag, da auch der Backofen Wärme ausstrahlte.

Nach etwa zwei Stunden zog die Mutter das Brot aus dem Ofen, kehrte von jedem Laib die Asche ab und schlichtete Laib um Laib auf die Bank. Sie deckte das Brot mit Tüchern zu und freute sich über das gute Gelingen. Die großen, etwa drei Kilogramm schweren Laibe wurden im Keller des Hauses in einer Brottruhe aufbewahrt. In dieser Truhe trocknete das Brot nicht so leicht aus wie auf der Brotrem, die bei uns lange Zeit als Aufbewahrungsort des Brotes diente.

Mit Ehrfurcht wurde jeder Brotlaib vor dem Anschneiden von meiner Mutter mit drei Kreuzen gesegnet. Dieses Ritual wiederholte sich bei jedem Brotanschneiden. Meine Mutter stemmte dabei den großen Brotlaib mit der linken Hand zur Brust, ritzte mit dem Messer die Kreuze ein, ehe sie dann mit einem zu ihr ziehenden Schnitt Richtung Herz den Laib anschnitt. Jedes Stück Brot wurde von meiner Mutter in dieser beinahe gefährlich aussehenden Weise abgeschnitten. Der aufgeschnittene Brotlaib samt Brotmesser lag stets in der Tischtruhe griffbereit.

Fleischvorräte in der Selchkammer.

Fleisch nur zu den heiligen Zeiten

„Freude mit der großen Sau." Dieses Prachtexemplar brachte wohl mindestens 400 Kilogramm auf die Waage.

Schweinefleisch

Von der fettesten Sau weit und breit, vom Sauabstechen, vom *Bluatboggerl*, vom Zerteilen der Sau und vom Selchen

Unsere Nachbarin war bekannt, die schwersten und fettesten Sauen weit und breit zu haben.

Wochenlang vor der Schlachtung so eines Ungetüms war dies in der ganzen Umgebung das Gesprächsthema. So hörte man z. B., dass die Sau vor lauter Fettsein die Liddeckel nicht mehr bewegen könne oder dass das Saustalltürl sowieso herausgerissen werden müsse, um die fette Sau aus dem Stall zu bekommen.

Aber auch meine Mutter verstand es, schwere fette Sauen zu mästen. Sie hielt aber nichts vom Konkurrieren zwischen den Bäuerinnen. Ebenso war sie viel zu bescheiden, um für sich Aufsehen zu brauchen.

War ein Tier krank, so ging man mit großer Mühe daran, es mit Hausmitteln gesund zu pflegen. Ein Tierarzt wurde nur in den seltensten Fällen, meist nur für erkrankte Pferde geholt. Umso mehr war man allgemein daher bedacht, Schutz, Glück und Segen für den Viehstand bei den Viehpatronen zu erbitten. Regelmäßig ging daher die bäuerliche Bevölkerung zu den Kirchen von Bauernheiligen der Umgebung wallfahren.

So machte sich meine Mutter am Fest des heiligen Wolfgang am 31. Oktober auf die Füße zur Wolfgangikirche, die unweit von Deutschlandsberg steht. Beim Opfergang trug man dort symbolisch eiserne Tierbilder um den

Altar. Am 17. Jänner wurde der heilige Antonius in Ulrichsberg, der ältesten Kirche unserer Umgebung, besonders als Schweineheiliger verehrt. Und in Freiland wurde der heilige Leonhard am 6. November als allgemeiner Viehpatron aufgesucht und verehrt.

Die Schweine hatten es den ganzen Sommer über relativ gut. In einer großen eingezäunten Fläche, der Sautratte, konnten sie grasen, wühlen und sich suhlen. Die Fadelsau führte ihre Ferkel in die abgelegensten Winkel zum Säugen. Die Muttersau bekam viel Kraftfutter, wie Gerste, Hafer und dazugekauften Mais, damit sie ausreichend Milch für die Ferkel hatte.

Musste eine Muttersau wieder einmal zum Bären, so wurde daraus oft eine Tagesreise. War die Sau müde, legte sie sich einfach hin, und meiner Mutter blieb nichts anderes übrig, als geduldig zu warten, bis es dem Schwein recht war, wieder weiterzugehen.

Die Läufer wurden eineinhalb bis zwei Jahre lang nur mit Erhaltungsfutter versorgt. Diese Schweine bekamen im Sommer Gras, im Winter Böhmer, das waren Runkelrüben, und Heublumen, damit sie groß heranwuchsen. Erst dann wurden sie gemästet, um ein ausgiebiges Speckvolumen ansetzen zu können.

Einen Prialan, das ist ein junges und gemästetes Schwein mit zirka hundert Kilogramm, verkauften meine Eltern im Herbst an unseren Wirt. Mit dem Erlös zahlten sie die Steuern.

In den kalten Monaten Jänner und Feber war die Zeit, unsere großen, fetten Schweine für den Vorrat zu schlach-

Nach dem Sauschlachten gab es Köstlichkeiten wie das *Bluatboggerl*.

ten. Dies geschah nur bei Neumond. Denn da hatte das Fleisch weniger Wassergehalt und es war daher besser haltbar.

Die Arbeit des Sauabstechens verrichtete bei uns mein Vater mit meinen großen Brüdern. Wenn nur vom Sauabstechen die Rede war, graute es mir schon. Das Abstechen der Tiere war aber eine Notwendigkeit, um wieder Fleisch und genug Fett zur Ernährung der großen Familie zu haben. Außerdem gab es nach dem Schlachten noch

der an den Sperrbalken des Dachstuhles befestigt war. Der ihn umgebende senkrechte Bretterrand schützte die Vorräte vor Mäusen und Ratten. Mit Holzspießen auseinander gespreizt demonstrierte dort der Bachen Speck ganz protzig die Ausmaße der geschlachteten Sau in Länge, Breite und der Speckdicke. Wind und Kälte haben ihn dann zu einem guten Verhackertspeck reifen lassen.

Manche Bäuerin, die nicht die Gabe des Mästens hatte oder der einfach das geeignete Futter dazu fehlte, wurde gelästert mit: „Sie ist eine Künstlerin, die Schwarte ist gleich dick wie der Speck."

Am Dachboden, direkt am Kamin, war die Selchkammer angebaut. Beim Selchen sperrten wir mit einem Schuber den Rauchabzug im Kamin ab, damit der Rauch vom Herdfeuer in die Selchkammer strömen konnte. Um einen guten Geschmack des Fleisches zu erreichen, verheizten wir nur Birken- oder Birnenholz, zum Schluss sogar grüne Kranewittstauden, die das gute Aroma absolut vervollständigten.

Nach dem Selchen wurden das geräucherte Fleisch und die Selchwürste zum Trocknen und Reifen auf den Speckhimmel neben den Speck gehängt.

Am Tram unter dem Speckhimmel stand ein massiver Holzstock mit einer eigens breitschneidigen Fleischhacke, mit der meine Mutter vom Schlögel oder von der Schulter, wenn benötigt, jeweils ein Stück abhacken konnte.

Schon allein die Bezeichnung „Speckhimmel" sagt, so glaube ich, aus, welchen Wert die Speckvorräte für die Bauernfamilie hatten.

Schweinsbraten, Würste und Innereien

Von den Schlemmertagen nach dem Schlachten

Die Tage nach dem Schlachten waren Schlemmertage. Da es für Innereien und für Knochen keine Konservierungsmöglichkeit gab, musste alles so rasch wie möglich verkocht und gegessen werden. Daher gab es nach dem Schlachten kräftige Speisen, die sich von der normalen Alltagskost sehr stark abhoben. So gab es z. B. schon zum Frühstück Beuschelsuppe oder Fleischsuppensterz.

Für die Beuschelsuppe hat die Mutter Herz und Lunge mit Wurzelwerk gekocht, überkühlt und dann feinblättrig geschnitten. Ich habe noch immer das Bild meiner Mutter vor mir, mit welcher Geduld sie das Beuschel zerkleinert hat, denn nur fein geschnitten war die Lunge auch wirklich appetitlich anzusehen. Die dunkle Einbrenne hat die Mutter dann mit dem Kochsud aufgegossen, das Beuschel dazugegeben, mit Salz, Pfeffer, Majoran, Thymian und Lorbeerblättern gewürzt und mit einem Schuss Wein oder Essig gesäuert.

Für den Fleischsuppensterz wurden die Rückenknochen, die *Hoachruknboa*, langsam in Salzwasser gekocht, bis sich das Fleisch vom Knochen gelöst hat.

Das Sterzmehl hat die Mutter in siedendes Salzwasser einrieseln lassen, verrührt und wohl eine halbe Stunde zugedeckt ausdampfen lassen. Mit der Sterzgabel zerriss meine Mutter dann den Sterz. Die Fleischsuppe schüttete sie darüber und pfefferte kräftig.

Der Fleischsuppensterz war ein begehrtes Essen für die Männer. Für mich war aber eher das *Boalaobnoschn* zur Jause etwas besonders Gutes. Der zwar fette, aber resche Sauschwanz stand der Saudirn als Belohnung zu.

Breinwürste gab es dann zum Mittagessen. Der Schweinskopf wurde dazu gekocht, bis sich das Fleisch leicht vom Knochen löste und dann fein geschnitten. Die Rollgerste wurde in der Suppe weich gedünstet, das Fleisch und die Grammeln dazugegeben und mit den gerösteten Zwiebeln vermischt. Wichtig war auch hier wieder die kräftige Würze mit Pfeffer, Majoran, Thymian und Knofel (Knoblauch).

Die lockere Masse wurde dann in die gut gereinigten Dickdärme gefüllt. Zum Einfüllen der Würste nahmen wir ein so genanntes Wursthorn zu Hilfe. Wie der Name richtig sagt, wurde es aus einem Kuhhorn angefertigt. Für jede Wurstart hatten wir ein Horn in der geeigneten Stärke zur Verfügung.

Nach dem Füllen wurden die Enden der Därme mit einem spannlangen Holzspieß verschlossen und etwa eine Stunde im heißen Wasser ziehen gelassen. Im Rohr hat die Mutter diese Speise knusprig gebraten und mit Sauerkraut auf den Tisch gebracht.

Nach jeder Schlachtung hatten wir sicher einmal einen fetten Schweinsbraten vom Schopf. Mit Spatzen im Bratenfett war es ein ausgiebiges Schlemmeressen.

Für die Spatzen hat meine Mutter einen dicken Teig aus Mehl, Milch und Eiern abgeschlagen und in siedendes Salzwasser eingekocht. Sobald die Nocken an der Oberfläche aufgetaucht waren, hat meine Mutter die Spatzen abgeseiht und im fetten Bratensaft geschwenkt.

Breinwurst auf Kraut, angerichtet im irdenen Tegel, gab es an den Tagen nach dem Schlachten zum Mittagessen.

Aus Leber und fettem Fleisch bereitete meine Mutter Leberpastete, die sie in Rexgläsern konservierte.

Die Niere bekam ich gekocht und feinblättrig geschnitten ins Schulbrot. Bloß die Milz fand zur großen Freude unserer Katzen keine Verwendung.

Alles vom Schwein wurde, so glaube ich, mit Liebe verwertet. Alle Innereien wurden von der Mutter so zubereitet, dass wir sie zur Abwechslung mit Freude verzehrten. So war z. B. die Flecksuppe eine kleine Köstlichkeit.

Gustostücke aus dem hölzernen Speckkübel gibt es auch heute noch bei uns zur Jause.

Auf der Alm schmecken die trockenen Hauswürste meinen beiden Enkeln Martin und Jutta sichtlich gut.

Speck

Vom Speckeintreiben, von den Gustostücken zur Jause und von den Fettvorräten

Noch bevor die kleinen schwarzen Speckkäfer die wertvollen Vorräte besiedeln konnten und außerdem von der Wärme der Speck gelb und ranzig wurde, gingen wir Anfang Mai daran, den Speck einzutreiben, um *Hokat* zu machen.

Diese Bezeichnung stammt noch aus einer Zeit, in der es keine Fleischmühlen gab und der Speck noch kleingehackt wurde. Prinzipiell geschah diese Arbeit bei Schönwetter, da durch die niedere Luftfeuchtigkeit eine bessere Haltbarkeit gegeben war.

Vom großen Bachen schnitten wir drei Finger breite Streifen, schwarteten diese ab, zerkleinerten sie und trieben sie durch den Fleischwolf. Das war eine Gemeinschaftsarbeit für alle Familienmitglieder.

Nach dem Speckeintreiben blieb ein großer Haufen Schwarten über. Zur Jause kratzten wir nach und nach die resche, geschmackvolle Speckschichte, den Schwartenspeck, peinlich sauber ab – so hielt die Annehmlichkeit des Speckeintreibens für uns noch längere Zeit an.

Unsere fetten Hände schmierten wir in die Arbeitsschuhe. Diese glänzten davon, dass sie gut für den Tanzboden getaugt hätten.

Aufbewahrt wurde das Verhackert in großen hölzernen Speckkübeln. Zuerst stampfte meine Mutter eine handbreite Schicht Verhackert, glättete die Oberfläche und verteilte mit Bedacht die geselchten und gekochten Fleischstücke darauf. Fugen und Ritzen trachtete sie gut mit Verhackert zu füllen, damit auch nicht das kleinste Luftbläschen Schaden anrichten konnte. So wurde abwechselnd Verhackert und Selchfleisch eingeschichtet, bis der Kübel voll war. Das Fischerl, das ausgelöste Schweinskarree, ist durch und durch trocken und sogar roh im Verhackert haltbar geblieben.

Nebenbei merkte sich meine Mutter ganz gut, wo sie die jeweiligen Stücke eingelagert hatte.

Die mürben Gustostücke wurden Besuchern gerne als Jause aufgetischt. *„Für 'n Knecht koa Fleisch, für 'n Hund koa Boa"*, spotteten jene, die nicht in den Genuss solcher Spezialitäten kamen.

Die trockenen Hauswürste, die durch das Lagern im Verhackert saftig und aromatisch blieben, bekamen wir als Wegzehrung für Wallfahrten und Almgänge.

Oberstes Gebot nach jeder Entnahme war, die entstandenen Lücken wieder luftdicht abzuschließen, da sich sonst der Grünschimmel sehr schnell breit machte und Verhackert und Fleisch verdarb.

Das Verhackert gab es als Brotaufstrich zur Jause oder ausgebrannt als Grammeln zum Schmalzen von Sterz oder zum Salatabmachen für den *Hokatsalot*. Verhackert und Fleisch mussten im gleichen Verhältnis verbraucht werden, bis der Kübel leer war.

Jede Bäuerin wachte streng über ihre Fettvorräte. Zum einen deshalb, damit die Einteilung stimmte, zum anderen, damit das Fett ja nicht ranzig wurde. Passierte dies trotzdem, z. B. durch eine plötzliche Hitzewelle oder durch

Unreinlichkeit, dann war dies eine kleine Katastrophe. Ausfälle von Vorräten konnte sich niemand leisten. So konnte auch auf das ranzige Fett nicht verzichtet werden. Alle Speisen litten dann unter dem üblen Beigeschmack. Aber dieses Missgeschick blieb sicher nicht ein hofinternes Geheimnis. Die Umgebung wusste in Kürze darüber Bescheid. Zu einer Zeit, da sich fast alles um die elementaren Bedürfnisse gedreht hat, war so ein Ereignis der Gesprächsstoff Nummer eins.

Bäuerinnen, die als Vorratskammer eine gewölbte Speis hatten, wo dank der dicken Steinmauern den ganzen Sommer über Kellertemperaturen herrschten, kannten diese Sorgen nicht. Diesen Vorteil hatte z. B. meine Tante. In ihrer Speis blieb nicht nur das Fett blütenweiß, sondern auch ohne Zutun das Fleisch und der Speck den ganzen Sommer über griffbereit.

Gern arbeitete ich bei dieser Tante, um ein kleines Brauchgeld zu verdienen. Täglich gab es Fleisch und Speck. Wenn ich daheim meiner Mutter von der guten Kost erzählte, wurde sie immer sehr betrübt, weil sie den Vorteil einer gewölbten Speis nicht hatte. Als Kind verstand ich das noch nicht. So tut es mir heute noch Leid, wenn ich die Mutter unbedacht kränkte.

Grammeln

Von Geistergeschichten und Teufelspakten

Gut ausgepresst, recht heiß, mit fein gehacktem Knoblauch und etwas Salz bestreut, gab es köstliche frische Grammeln zur Jause. Aber auch das Grammelschmalz, das wir zur Abwechslung als Brotaufstrich bekamen, war bei uns allen nicht minder begehrt.

Das Grammelkoch, Mehl in kochendes Salzwasser eingequirlt, mit Essig abgeschmeckt und heißen Grammeln untergerührt, kochte meine Mutter in den Wintermonaten oft als Nachtmahl. Ein Stück Brot dazu und wir wurden gut satt davon.

An so manchem Winterabend saß Förster Kiefer bei uns. Er hatte eine besondere Gabe zum Erzählen von Geistergeschichten. Obwohl ich ein mulmiges Gefühl hatte, hörte ich gespannt und mit offenem Mund zu. Meine Füße, die damals noch nicht auf den Boden reichten, um festen Halt zu haben, baumelten vor Aufregung unentwegt in der Luft.

Und der Förster erzählte von Pakten zwischen Bauern und Teufel oder wie pfiffige Bauern den Teufel überlisteten. Er berichtete von Teufelsrössern, die nur daran zu erkennen waren, dass sie keine Warzen am Knie hatten, und von *Ruanschindan*, die zu Lebzeiten die Grenzsteine zu ihrem Gunsten versetzten. Nach deren Tod mussten diese unerlösten Seelen um Mitternacht so lange umherirren, bis sie die richtigen Plätze für die Grenzsteine wiedergefunden hatten.

An so einer besagten Stelle führte mein Schulweg vorbei. War ich allein und war es gar schon dunkel, so schlich ich vor Angst und Unbehagen schleunigst daran vorbei.

Auch von der Trud, die sich nachts auf die Brust setzt und den Betroffenen schier erdrückt, und von dem glühenden Schab, der in stockfinsterer Nacht durch die Luft schwirrt, wusste er zu berichten. Aus heutiger Sicht ist die Trud wohl ein Herzanfall und eine Sternschnuppe der glühende Schab.

Eine dieser Geschichten, die der Förster erzählte, fand ich gar lustig. So soll ein hungriger Dieb sich von einem Bauernhof am helllichten Tag vom Speckhimmel am Dachboden einen ganzen Bachen Speck geholt haben. Die ängstliche, abergläubische Bäuerin vermeinte daraufhin einen Geist am Dachboden. In ihrer Panik soll sie in die *Labm* gelaufen sein. Da kam der Speckdieb mit seiner schweren Beute am Rücken die Bodenstiege herunter. Die vor Schreck starre Bäuerin rief: *„Alle lieben, guten Geister und Gott Lob und Ehr, was ist dein Begehr?"* Der Dieb schrie zurück: *„Aussi wüll i!"* Die Bäuerin, für das Erste erleichtert, ließ den Dieb entwischen. Dem ersten Schock war aber sicherlich noch der zweite gefolgt, als die Bäuerin gewahr wurde, dass der Bachen Speck weg war.

Natürlich wurden beim Großputz auch die Betten neu gerichtet. Die grobe rupferne Bettwäsche wurde gewaschen und in die Strohsäcke, unserem Matratzenersatz, neues oder entstaubtes *Woazlascha* eingefüllt. In die Kopfpölster füllten wir frisches Haferspreu.

Abends sank ich müde ins lockere, raschelnde *Lascha* und schlief in einer kuscheligen Mulde sogleich ein. Das weiche Bett, der frische Geruch der Bettwäsche und des geriebenen Bodens machten mich selig und ich vermeinte im siebenten Himmel zu sein.

Schaffleisch

Vom Ärger mit den Schafen, von der Wolle, der rupfernen Leinwand und vom Leinsamen

Geschlachtet wurden bei uns am Hof nur alte Schafe. Alte Tiere hatten jedoch einen intensiven Schafgeschmack, der nicht jedermanns Sache war. Das Fleisch musste sehr heiß gegessen werden, weil das zwischengelagerte Fett, und wenn es auch ganz wenig war, einen unangenehmen Insletgeruch verströmte. Geräuchert wurde Schaffleisch nicht. Es musste aber nach der Schlachtung, die ohnehin nur bei kühler Witterung geschah, relativ rasch verzehrt werden. Gebratenes Schöpsernes auf Erdäpfeln mit Rahm oder gekochte Schafsschulter mit Krenkoch war ein hoher kulinarischer Genuss für uns. Für das Krenkoch quirlte meine Mutter Mehl in die kräftige Fleischsuppe und mischte reichlich geriebenen Kren darunter.

Auf jedem Bauernhof, wie auch auf unserem, gab es Schafe. Im Frühjahr kam ganz problemlos und ohne Hilfe des Menschen der Nachwuchs zur Welt.

Viel Ärger bereiteten mir die Schafe in den Sommermonaten, weil sie für die Schwammerln die bessere Nase hatten und vor mir die schönsten Pilze aufstöberten und fraßen.

Die Schafe mussten am Abend im Stall sein. Bei Schönwetter kamen sie von selber. Jedoch bei Regen oder Gewitter bevorzugten sie es, im abgelegensten Winkel unseres Grundstückes zu bleiben. Wenn also nach einem

Gewitter in der Ferne noch die Donner grollten, musste ich trotz Angst und Bangen den Feldrain entlangschleichen, um die Schafe zu holen. Bei diesen angekommen, machte ich einen derartigen Radau, dass das ganze Schafrudel erschreckt Richtung Stall davonstürmte.

Zweimal im Jahr, im Frühjahr und im Herbst, wurden die Schafe geschoren. Schneller ging es, und es war auch praktischer, die Schafe vor der Schur zu waschen, als danach die schmutzige Wolle. Daher wurden bei uns die Schafe in einem Holztrog mit Seife gewaschen und nach dem Trocknen geschoren. Die Wolle wurde nach Qualität sortiert und in Polsterzipfel und Bettwäsche gesteckt. Nach dem maschinellen Katatschen in Frauental war das Wollvlies spinnfertig. Im Advent surrten dann fleißig die Spinnräder und geschickt drehten Mutter und meine großen Schwestern die Wolle zu feinen Fäden.

Aus der längeren Wolle vom Rücken des Schafes strickten wir Westen, aus der übrigen Wolle Socken, Gamaschen und Handschuhe. Ärmellose Westen wurden mit schönen Mustern gearbeitet. Außerdem wurden noch handbreite Kinderfatschen und die leidlich kratzenden Strümpfe gestrickt. Hatten wir kaputte Seidenstrümpfe, steckten wir sie als Futter in den Strumpf, so war die juckende Pein behoben. Auch Hauben und Ohrenschützer, alles war von der eigenen Wolle gestrickt.

Ab der zweiten Klasse, in der ich das Stricken lernte, musste ich mich schon beim Socken- und Handschuhstricken beteiligen. Langsam ging es noch voran. Immer wieder maß ich, ob das Werkstück nicht schon die erforderliche Länge ergäbe. Der linke Zeigefinger war vom kratzenden Wollfaden wund.

Unsere Wolllieferanten.

Trotzdem möchte ich die vielen Stunden, die wir mit Spinnen und Stricken gesellig in der warmen Stube verbrachten, nicht missen. An die Geschichten, die uns Mutter dabei erzählte, und an das gemeinsame Singen denke ich gerne zurück.

Außer der Wolle von zwölf Schafen hatten meine Mutter und meine Schwestern im Winter zusätzlich einen Berg Flachs für die Leinwand zu spinnen. Vom spießigen Material bekamen die Spinnerinnen wunde Finger. Das Garn webte für uns ein Weber in Glashütten zur Rupfen.

Der Arbeitsaufwand des Flachsanbaues bis hin zur fertigen Leinwand war äußerst intensiv. Die Jätarbeit im Mai war infolge der Breitsaat sehr langwierig. Die himmelblaue Blüte im Juli war aber von beschaulicher Schönheit. Reif wurde der Flachs samt Wurzeln ausgerauft, zu kleinen Garben gebunden und auf Schöbern getrocknet.

Da das Flachsausraufen die einzige Arbeit war, bei der kein Werkzeug gebraucht wurde, war die Frage *„Gehst Hoo raffn?"* an jemanden üblich, der ohne eigenes Werkzeug bei einer Arbeit erschien. Zum Flachs sagten wir allgemein *Hoo,* vielleicht wegen der vielen Fasern im Inneren der Stängel, die wie Haare ausschauen.

Nach Allerheiligen war die Zeit des Brechelns. Im Dörrofen wurde der Flachs erwärmt, damit die Stängel brüchig wurden. Noch warmer Flachs wurde in ganz kleinen Büscheln gebrechelt, bis die holzige Hülle restlos beseitigt war. Auf der Flachshechel, das ist ein Brett, auf dem fingerlange Drahtstifte stecken, wurden die übrig gebliebenen Fäden danach ausgekämmt. So war das Werg spinnfertig. Aus der robusten, kratzenden Leinwand wurden alle unsere Säcke genäht, auch Hemden für die Männer, Taschen und Rucksäcke. Wir kannten auch nur rupferne Hand- und Leintücher. Zierdecken und Polster hatten wir mit leuchtend rotem Garn bestickt. Meinen ersten Schulsack nähte meine Schwester aus blau gefärbter Leinwand. Auch unsere Stricke waren aus dem eigenem Werg gedreht. Alle paar Jahre kam dazu ein Seiler auf den Hof und machte neue Stricke.

Vom Flachs haben wir auch den Leinsamen gewonnen. Säuberlichst gereinigt haben wir den Leinsamen in Leinensäckchen aufbewahrt. Als kostbares Heilmittel wendete meine Mutter den Leinsamen bei Magen- und Darmentzündungen sowie bei Verstopfungen bei Mensch und Tier an. Zerstampft zu einem Brei angerührt, auf Leinenflecken aufgeschmiert und warm aufgelegt, war der Leinsamen zudem ein bewährtes Zugmittel bei Geschwüren und Abszessen.

Von ein paar Kilo Leinsamen ließ meine Mutter auch etwa zwei Liter Leinöl machen. Etliche Male kam solches Öl frisch auf den Salat. Den Rest verbrauchten wir jedoch bei Einreibungen für schmerzende Gelenke und bei Husten und Bronchialerkrankungen zum Lindern der Beschwerden.

Grüne Bohnen ranken den Gartenzaun empor.

Magere Wochen

Bohnengerichte

Von der Karwoche und vom Weihfleisch am Ostersonntag

Typische Fastenspeisen waren Bohnengerichte.

Für die Bohnensuppe hat meine Mutter die trockenen Bohnen mindestens zwölf Stunden zum Quellen eingeweicht, bevor sie sie etwa zwei Stunden in reichlich Wasser langsam gekocht hat. In den Bohnensud gab meine Mutter ein Lorbeerblatt und gehackte Knoblauchzehen und hat alles mit Mehl eingedickt. Mit Milch, manchmal auch mit Rahm hat sie die Suppe geschmacklich verbessert.

Hatten wir großen Hunger, haben wir in die Bohnensuppe noch Brot eingebrockt.

Für den Bohnensalat hat meine Mutter die gekochten Bohnen mit gehacktem Zwiebel und Knoblauch vermischt und mit Essig und Öl abgemacht.

Im Frühjahr hat sie fein geschnittenen Röhrlsalat, im Winter rohes geschnittenes Sauerkraut darunter gemischt.

In den Fastenzeiten vor Ostern und im Advent war das Tagmahl am Mittwoch, am Freitag und am Samstag absolut fleischlos. Auch zur Jause gab es weder Speck noch Schmalz. Die Jausenzeit am Nachmittag war ab dem *Hiasldog* am 21. September bis zum *Hiasldog* am 24. Februar erst bei Einbruch der Dunkelheit. Im Frühjahr und im Sommer schon um vier Uhr nachmittags. Das Tageslicht wurde zur Arbeit im Freien voll ausgenützt. Hatten die Männer eine schwere körperliche Arbeit zu verrichten, brachte ich ihnen zur Jause ein Häferl Mohnöl mit etwas Most gestreckt – zum Eintunken für das Brot. Sonst gab es lediglich trockenes Brot und einen Apfel. Natürlich schimpften die *Loutta*, so nannten wir allgemein die Männer, arg über das Fasten – es nützte ihnen aber nichts. Vordergründig hielt man das Fasten aus der strengen Glaubenshaltung ein, dahinter stand, so glaube ich, aber auch die Notwendigkeit, mit den Nahrungsmittelvorräten auszukommen. In der Karwoche wurde die Kost mit zunehmender Woche immer karger, die Arbeit hingegen immer schwerer. Dringend mussten Hafer, Mohn und Gerste angebaut werden. Mit Ochsen- und Kuhgespannen ging die Arbeit nur langsam voran.

Die Liturgiefeiern am Gründonnerstag und am Karfreitag waren am Vormittag. Spätestens bis Gründonnerstag musste jeder die verpflichtende Osterbeichte abgelegt haben. Manchen Bäuerinnen, so erzählte mir mein späterer Schwager, mussten die Hausleute sogar den Beichtzettel vorweisen um überhaupt Weihfleisch essen zu dürfen.

Am Karfreitag ruhte ab neun Uhr vormittags die Feldarbeit. Damals gedachten wir zu dieser Zeit der Todesstunde Jesu, und so ließ man, gleich wie bei einem Sterbefall, die Acker- und Feldarbeit liegen. Dafür wurden aber Haus und Hof gekehrt und blitzblank geputzt.

Schon ab dem Morgengrauen des Taufensamstages, des Karsamstages, waren alle Gespanne vor Pflug und Egge im Einsatz. Ab elf Uhr war jedoch Feierabend.

In aller Herrgottsfrühe des Karsamstages war mein Vater schon bei der Feuerweihe und brachte mit einem glimmenden Birkenschwamm das gesegnete Feuer heim, mit dem er im Herd das Holz zum Weihfleischkochen entzündete. Große Mengen Schinken kochte meine Mutter und ließ das Fleisch in der Suppe auskühlen.

Dann füllte sie den Weihkorb. Zwischen Schinkenstücken platzierte sie die hart gekochten Eier und die Krenwurzen. Obenauf legte sie einen Laib helles Osterbrot.

Den Korb stellte sie auf das reich bestickte Weihtuch, schlug die Enden übereinander und verknotete sie. Behutsam streifte sie dann noch die schönen langen Fransen gleich. Meine älteste Schwester Luisi trug den Korb zur Speisensegnung.

In schmucken Dirndlgewändern mit leuchtend weißen Blusen den Frühling begrüßend, trugen Bäuerinnen, Töchter oder Mägde stolz und würdevoll die schweren, geschmückten Körbe auf dem Kopf zur Weihe.

Gerne trieben die Burschen dazu ihren Schabernack. Sie steckten in unbeobachteten Momenten einen Dengelstock oder Steine in den Korb, damit die Frauen schwerer zum Tragen hatten und dazu noch dem Spott ausgeliefert waren.

Um fünf Uhr nachmittags wurde bereits die Auferstehung Jesu gefeiert, von der Blasmusik festlich umrahmt. Der Pfarrer trug dabei die Statue vom auferstandenen Christus in einer Prozession in die Kirche und stellte ihn auf den Hochaltar. Alle stimmten froh und kräftig in das Lied „Der Heiland ist erstanden“ ein. Draußen krachten die Böller. Wer ein neues Gewand hatte, zog es zu diesem freudigen Anlass an.

Am Morgen des Ostersonntags war endlich der hochfeierliche Moment da, an dem mein Vater den Weihkorb öffnete.

Mit Sorgfalt löste er den Knoten vom Tuch und der Osterbrotlaib leuchtete uns entgegen. Dem Korb entströmte ein wundervoller Duft, mir läuft heute noch das Wasser im Mund zusammen, wenn ich daran denke. Ungeduldig knurrte der Magen. Doch mein Vater schnitt in feierlicher Ruhe den Osterschinken feinblättrig und verteilte ihn auf einem großen Holzbrett.

Ich durfte die Eier schälen helfen und in Scheiben geschnitten legten wir sie auf das Fleisch. Dann streuten wir reichlich Kren darüber, dass uns die Tränen nur so herunterkollerten. Lagenweise schichteten wir Fleisch, Eier und Kren, bis der Teller gupfet voll war.

Alle Hausangehörigen warteten schon in freudiger Erwartung um den Tisch versammelt. Doch vorher wärmten wir unseren Magen mit geselchter Suppe und Schwarzbrotbrocken als Einlage auf.

Tüchtig langten dann alle beim Weihfleischessen zu. Das süße helle Rosinenbrot, sonst eine Nachspeise, schmeckte köstlich zum Schinken.

Auf vielen Höfen mussten sich die Leute oft bis zum Tagmahl mit dem Weihfleischessen gedulden.

Kaum waren wir mit dem herrlichen Osterfrühstück fertig, stand schon Herr Schreiner, ein Urlaubsgast vom nahen Wirt, in der Stubentür. Den leeren Rucksack in der Hand rief er: „Der Osterhase war da!"

Mit meinen etwas älteren Schwestern stürmte ich ins Freie und suchte mein Nest. Spielsachen, Süßigkeiten, gefärbte Eier, eine Puppe – Geschenke, die sich meine Eltern unmöglich hätten leisten können. Dankbar bin ich der lieben Familie aus Graz, dass sie durch diese Gaben meine Kindheit bereichert hat.

Zu jedem Festtag war der Tisch üppig gedeckt:
Frittatensuppe; gekochtes Rindfleisch auf Krenkoch;
aufg'setzte Henn mit *Ruamboggerl* und Rote Rüben;
gebackene Schnitzel mit Preiselbeerkompott
und Schnapszwetschken; Mohnbrot und Krapfen.

Aufgetischt

Zu meiner Firmung 1956 habe ich voller Stolz ein weißes Kleid und einen weißen Schleier getragen. Als Firmpatin ist meine ältere Schwester Mitzi eingesprungen.

Nur das Beste zum Feste

Zu einem Festtagsessen, so wie wir es zu Weihnachten, am Neujahrstag, zu Ostern und zu Pfingsten aufgetischt bekamen, gehörte fürs Erste eine kräftige Fleischsuppe mit Lungenstrudel, Leberknödel oder Frittateneinlage. Der Suppe folgten, und das ist nicht gelogen, gleich drei (!) Fleischhauptgerichte.

Das erste Fleischgericht war entweder gekochtes Rind- oder Schweinefleisch, das meine Mutter zuvor in der Suppe weich gekocht hat. Kleinst geschnitten wurde es am Tisch auf das Krenkoch angerichtet. Für dieses Krenkoch hat meine Mutter in der Fleischsuppe die Semmeln aufgeweicht, das Ganze mit Mehl aufgekocht und den geriebenen Kren sowie Pfeffer und Salz dazugegeben.

Das zweite Gericht war gebratenes Fleisch vom Schwein oder Huhn auf Erdäpfeln. Dazu gab es Kraut und Rote-Rüben-Salat.

Das dritte Fleischgericht an solchen hochheiligen Festtagen war gebackenes Fleisch. Bei uns immer nur vom Schwein. Die Preiselbeeren mit dem süßsaurem Geschmack und die in Schnaps eingelegten Zwetschken, die uns Kindern freilich vorenthalten wurden, schmeckten gut dazu. Außerdem taten sie dem überbelasteten Magen gut. So machte sich trotz des vielen und üppigen Essens ein Wohlgefühl breit.

Nach Krapfen, die natürlich an Festtagen auch nicht fehlten, hatte unmittelbar nach dem übergroßen Fleischangebot niemand Lust.

Dieses Festtagsessen war auch als Hochzeitsessen üblich, jedoch mit mehrstündigen Zwischenzeiten. Ich selber war als Kind auf keiner einzigen Hochzeit. Meine älteren Geschwister heirateten erst Anfang der fünfziger Jahre im kleinsten Rahmen.

Auch heute ist unser Vieh die Sommermonate hindurch auf der Alm. Bei den Almgängen bringt der Jungbauer Knödel für die Tiere mit.

Rindsuppe

Von meinem Lieblingsochsen Wenzel

Für eine besonders *g'schmackige* Rindsuppe brachte mein Vater zu den Festtagen einen Kilogramm Suppenfleisch samt Knochen aus Deutschlandsberg heim. Meine Mutter stellte dann das Suppenfleisch mit den Knochen im kalten Wasser am Herd zu. Dann gab sie Karotten, Sellerie, Petersilwurzel, ein kleines Stammerl *Hoaland*, zwei Blätter fette Henne und zwei Gundelreben dazu, salzte mäßig und ließ das Ganze etwa zwei Stunden köcheln.

Das Fleisch stammte nur von gut ausgemästeten älteren Tieren, z. B. von Ochsen, die vorher ein paar Jahre als Zugochsen treu gedient hatten. Jährlich im Sommer waren sie drei Monate auf der Alm. Bei der Schlachtung waren diese Tiere mindestens fünf Jahre alt und etwa siebenhundert Kilogramm schwer. Daher ist es nicht verwunderlich, dass diese Suppen recht aromatisch waren.

Bei uns bekamen Masttiere geschwelltes Korn. Dafür füllten wir einen Zwanzig-Liter-Häfen zur Hälfte mit Roggen voll und schütteten etwas Wasser darüber. Dabei quoll der Kern auf und wurde weich, die Masttiere davon fett.

Waren sie fertig gemästet, so bot mein Vater diese beim Fleischhauer feil. Dieser kam dann bei Gelegenheit schon mit dem Jeep auf den Hof. Er begutachtete streng das Masttier. Ins Maul schaute er, um an den Zähnen das Alter festzustellen, und in der Schwanzgegend tastete er nach Fettpolster. Er prüfte auch die Lockerheit und Beweglichkeit der Haut, die ihm eine gute Fettabdeckung versprach. Diese Fettschicht verhinderte das Austrocknen des Fleisches beim Reifen des Schlachtkörpers. Nur so wurde es zart und mürb, ansonsten trocken und zäh.

Nach oft sehr langem und zähem Feilschen um Groschen war mit einem Handschlag der Handel abgeschlossen und mit einem Leikauf, der Anzahlung, der Kauf besiegelt.

So ereilte auch meinen Lieblingsochsen Wenzel eines Tages das Schicksal. Am vereinbarten Tag trieb mein Bruder Luis ihn in aller Frühe in die Stadt Deutschlandsberg. Um Mittag kam er wieder heim und erzählte bereitwillig vom Geschehenen. Anfangs wollte Wenzel immer wieder ausreißen, bis er kapierte, dass Luis nicht lockerließ. Bekümmert registrierte Luis das viele Scheißen und Urinieren vom Ochsen. Luis wusste uns genau die Stellen zu schildern, wo dies geschah. Etliche Kilogramm Gewicht waren da jedes Mal verloren gegangen. Dennoch war Luis hoch zufrieden, weil Wenzel siebenhundertzwanzig Kilogramm auf die Waage brachte. Im Hof des Fleischhauers band Luis den Ochsen an einer Säule fest. In der Fleischbank bekam mein Bruder das restliche Geld ausbezahlt und für die Zustellung des Ochsens extra einen Kranz Braunschweiger.

Die Freude über den Erlös des so gut geratenen Tieres und die für mich persönlich noch größere Lust auf die heiß begehrte Wurst machte die Trauer um den Ochsen wett. Früh musste ich lernen, diese zwiespältigen Gegebenheiten zu respektieren.

Aufg'setzte Henn

Von den gemästeten Hühnern

Am Festtagstisch erwartete uns, wie schon erwähnt, nach dem gekochten Fleischgericht gebratenes Schweinefleisch oder die *aufg'setzte Henn*. Mindestens zwei Hennen (immerhin musste eine zehnköpfige Familie satt werden) wurden mit in Eiern und Milch eingeweichten Semmeln gefüllt, gesalzen und wieder zugenäht.

Die Hennen wurden dann gut eine Stunde im Rohr knusprig gebraten, wobei die darunter liegenden blättrig geschnittenen Erdäpfel vom vielen ausgetretenen Fett richtig glänzten. Zu allem Überfluss goss meine Mutter am Christtag sogar noch etwas Rahm über die Erdäpfel. Diese zergingen dann nur so auf der Zunge! Das Fett rann uns aus den Mundwinkeln und wir verschmierten es im Gesicht. Das tat der von der Kälte aufgerauten Haut gut.

Als Salat aßen wir dazu eine große Schüssel mit Roten Rüben. Der Salat schmeckte nicht nur gut zu diesem Essen, seine rubinrote Farbe betonte zusätzlich die Festlichkeit des Mahles.

Damit die Hühner für dieses Mahl auch ordentlich fett wurden, sperrte sie meine Mutter etliche Wochen in die Hühnersteige, um sie zu mästen. Zweimal am Tag holte sie die Tiere aus dem Käfig und schoppte sie mit einem Brei aus geschrotetem Getreide und Milch. In den aufgesperrten Schnabel steckte sie das Futter und streifte es mit Daumen und Zeigefinger in den Kropf, bis dieser prall gefüllt war. Dazu bekam das bedauernswerte Vieh ausreichend Wasser und Sand zur besseren Verdauung.

Schnitzel

Vom Schnitzelpanieren, vom Küchenherd und von unserem Ofen

Gebackene Schnitzel gab es bei uns als drittes Festtagsgericht und auch sonntags nach einer Schweineschlachtung. Dazu schnitt meine Mutter das Fleisch hauchdünn, weil das Fleisch von den älteren Schweinen im Vergleich zur heutigen Schnellmast zäher war.

Ich wartete daneben voll Ungeduld auf das Panieren. Das war meine große Leidenschaft. Voll Eifer mit herausgestreckter Zunge, was mir Hänseleien von meinen Geschwistern einbrachte, war ich bei der Arbeit. Ich ließ mich davon nicht irritieren. Ich achtete bei meinem begeisterten Schaffen genauestens, dass jedes Fleischstück rundum in Mehl gewendet, in zerquirltem Ei getaucht und in Brösel gewälzt wurde. Das Herausbacken erledigte meine Mutter wegen der Gefahr des Verbrennens selber. Unser gemeinsames Tun und Schaffen beendeten wir erst, als der irdene Topf, in dem mindestens vier Liter Inhalt Platz hatten, voll geschichtet war. Optimal verschlossen mit dem dazugehörigen Tondeckel hielt sich darin das Gebackene sehr gut warm.

Den Topf mit dem köstlichen Restinhalt stellte meine Mutter nach dem Festmahl für die Jause in den Wärmer, dem Warmhalterohr am großen Herd. In diesem Rohr fand auch jeder, der nicht beim Tagmahl sein konnte, sein Essen. Auch wir Schüler, wenn wir erst spät von der Schule heimkamen. Je länger die Speisen jedoch im Wärmer standen, desto mehr litten Aussehen und Geschmack.

Unser großer Ofen, Brotbackofen und Küchenherd in einem gebaut, nahm ein Viertel der ganzen Stube ein. Den gemauerten Backofen schmückte außen das zweigeteilte Ofentürl. Dahinter befand sich der Vorofen mit dem Rauchabzug. Vor der halbrunden Öffnung des aus Ziegeln gemauerten Backofengewölbes lehnte ein stabiles Eisenblech mit einem Griff. Zehn bis fünfzehn Brotlaibe hatten im Backofen Platz. Unter dem Ofen befand sich das Ofenloch. Dort wurde das Holz getrocknet. Um die Ecke daran angebaut befand sich der gekachelte Küchenherd.

Am Ende der großen Herdplatte waren zwei Backrohre und das kupferne Wasserschiff, unsere einzige Warmwasserquelle, aufgebaut. Seitlich der Kochstelle befand sich das geräumige Warmhalterohr. Obenauf, am immer temperierten Ofensims trockneten wir z. B. den Mohn oder einen Sack Korn vor dem Mahlen. Bei feuchtem Wetter kam sämtliche durchnässte Kleidung und das Schuhwerk zum Trocknen dorthin. Und war ich im Winter stocksteif gefroren, so suchte ich mir ebenfalls am Ofensims ein Platzerl. Ein wohliges Nickerchen am warmen Ofen ließ mir allemal die vorangegangene Frostpein vergessen.

Zu Lichtmess war auch Dienstbotenwechsel. Nicht selten war die nicht gute Verpflegung der ausschlaggebende Grund, um einen Hof zu verlassen. Es war ein offenes Geheimnis, wie es um die Kost am jeweiligen Hof stand.

Nicht lang dauerte es von Lichtmess weg und es gab schon wieder haufenweise Krapfen. Für den letzten Faschingssonntag hat meine Mutter immer sehr viele Krapfen gebacken.

Am Ende der Faschingszeit waren auch Fleischschlemmertage. Am feister Pfingsttag, das war der letzte Donnerstag vor dem Faschingssonntag, sowie am Faschingsdienstag waren viel dickere Fleischschichten auf dem Kraut als üblicherweise, wenn auch mitunter recht fett. Zum Nachtmahl am Faschingsdienstag, dem *Foschndog*, bekamen wir sogar gekochte Ripperln und Apfelkren. Peinlich genau naschten wir die Knochen ab, denn wir wussten, bis Ostern schaut es ganz schlecht aus mit dem Fleisch.

Auf manchen Höfen, so erzählte mir mein jetziger Schwager, wurde das Fasten extrem streng gehalten. Die zu Fasching übrig gebliebenen Krapfen wurden auf eine Schnur zum Trocknen aufgefädelt. Am Ostersonntagmorgen waren diese trockenen Klumpen dann die Einlage für die Selchsuppe.

Am Faschingsdienstag nach der Schule gingen wir Kinder verkleidet im Dorf von Haus zu Haus. Besonders freute ich mich, wenn ich nicht erkannt wurde.

„Foschndog, Foschndog, kimm nua glai wieda, fatn bin i überbliem, haia schoa wieda“, jammerten die ledigen heiratsfähigen Dirndln, die dem Faschingsdienstag nach-

trauerten, nachdem sie schon im Jahr davor keinen Mann gefunden hatten. Verständlich, denn nur durch Heirat konnten sie aus dem abhängigen Dienstbotenverhältnis herauskommen. Erheirateten sie Besitz, erheirateten sie auch ein Recht und hatten so auch etwas zu vermelden – zu sagen gehabt. *„Wer nichts erheiratet und nichts erbt, bleibt arm, bis er stirbt"*, mit diesem Ausspruch hatte mein Vater sicher nicht Unrecht.

Anfang der fünfziger Jahre setzte die Landflucht ein. Knechte und Mägde, aber auch viele Bauernkinder, die nicht zu Hause den Hof übernehmen konnten, suchten sich anderwärtig Arbeit, z. B. in Haushalten und in Forsten, in Fabriken, im Bergbau und im Bauwesen. Mit geregeltem Einkommen und großem persönlichen Einsatz war es ihnen nun eher möglich, eine eigene Existenz aufzubauen.

Milch verwerte ich auch heute noch zu köstlichen Produkten:
Sauermilch, Sauerrahm, Topfen und Butter.

Köstliche Milchprodukte

Die *Fruasti-Mülch* im Schnellsieder, ein Milchhäferl und eine Milchkanne auf dem Herd bei unserem Nachbarn Thomannerl.

Milch

Von der *Fruasti Mülch*, vom Sauerrahm, vom Butterrühren und vom Kaufmannsladen

Mit wenigen Ausnahmen gab es bei uns Sommer wie Winter zum Frühstück, zur *Fruasti*, ein Häferl heiße *Mülch*. Darin brockten wir werktags Kornbrot und sonntags Weizenbrot ein. Immer ganz frisch gemolkene, erhitzte Milch war es und daher überaus bekömmlich.

Von einem großen Brotstück riss ich dann Brocken um Brocken herunter und warf sie in die heiße Milch. Mit dem Löffel habe ich die Brotstücke untergetaucht, damit sie gut eingeweicht waren. Anfangs musste ich mich gedulden und durch kräftiges Blasen die siedend heiße Milch abkühlen. Die weiche Brotkrume zerging auf der Zunge, die angeweichte Brotrinde war ein Genuss zu kauen. Mit Bedacht trank ich die letzten Tropfen, das aromatische *Mülchnoargerl*, aus dem Häferl.

Die übrige Vollmilch entrahmten wir schon mit der Zentrifuge. Die Magermilch bekamen gewärmt Kälber und Schweine. – Der Sommer war dank des guten Grünfutters gesegnet mit köstlichen Milchprodukten. Die Mutter konnte nun abwechslungsreicher kochen. Frischer Topfen ergab herrliche Strudelfüllen und schmackhafte Aufstriche. Kalte Sauermilch löffelten wir aus dem Tegel, die war an heißen Tagen eine gute Erfrischung.

In einem großen, irdenen Topf ließ die Mutter den Rahm sauer werden. Ich sehe noch genau Mutters Fingerbewegung beim Verkosten. Eine köstliche Speise, die uns oft beim Getreideschnitt im Sommer von meiner Mutter zubereitet wurde, war Rahmgurken mit heißen Erdäpfeln. Die Gurken wurden zuerst geschabt und dann ausgepresst. Heute wissen wir zwar, dass dies falsch war, aber man glaubte, dass dadurch die Gurken nicht schaden würden. Für die Rahmgurken vermischte die Mutter den sauren Rahm und die Sauermilch mit den gehobelten Gurken und würzte mit viel Knoblauch und Kimm. Da mir vorm Kimm, dem Kümmel, grauste, richtete mir meine Mutter immer eine Extraportion. Die heißen Erdäpfel haben wir begierig, oft sogar mit der Schale, dazu gegessen.

Aus dem Sauerrahm wurde die Butter gerührt. Der Butterkübel war ein rundes Holzgefäß von etwa dreißig Zentimeter Durchmesser und fünfzehn Zentimeter Breite. An der hölzernen Achse stecke die Kurbel. In dem Kübel waren ein paar durchlöcherte Holzscheiben. Die Öffnung an der Oberfläche des Kübels war mit einem Holzstöpsel und einem Tuch gut abgedichtet.

Nach oft sehr langem Kurbeln vernahm ich jedes Mal erleichtert das Geräusch *„platsch, platsch, platsch"* aus dem Butterkübel. Denn dann hatte sich endlich das Milchfett zum Butterklumpen geballt und dieser plätscherte in der wässrigen Buttermilch. Der fertige Butterstriezel wurde mehrmals mit kaltem Wasser gewaschen und in hölzernen Buttermodeln geformt.

„Buttermilch von dem Kübel ist gut für alle Übel, steht sie jedoch eine Stund', ist sie auch für den Hund nicht mehr g'sund." Diese Warnung wurde von uns sehr ernst genommen und wir überließen dieses ungekühlt leicht verderbliche Getränk lieber unseren Schweinen.

Voraussetzung für eine gute Butter war natürlich die Rahmqualität. Im Sommer konnten sich die Milchsäurebakterien gut entwickeln, der Rahm wurde in kurzer Zeit angesäuert und es konnte gebuttert werden.

Nur bei Rahmüberschuss buk meine Mutter die *Schoatlakropfn*. Ihre Bezeichnung haben die *Schoatlakropfn* von der Form einer Schote. Aus Mehl, einer Prise Salz und Süßrahm knetete sie einen Mürbteig. Nicht zu dünn ausgewalkt, hat sie daraus kleine Rechtecke geradelt und diese in sehr heißem Fett herausgebacken. Diese Krapfen blähten sich im Fett hoch auf und blieben in der Mitte hohl. Mit Staubzucker bestreut hat meine Mutter die *Schoatlakropfn* angerichtet.

Zur Pension Hubertushof trug ich den Sommer über tagtäglich Süßrahm. Diese Aufgabe habe ich von meiner Schwester Pepi übernommen. Dienstag und Freitag einen halben, die übrigen Tage einen Viertelliter. Täglich bekam ich die Lieferung bar ausbezahlt. Vierzehn Schilling war der Literpreis. Nur auf Bestellung brachte ich auch Eier und Butter mit. Dies war Mutters Brauchgeld für den Haushalt.

Herr Zotter, ein Deutschlandsberger Kaufmann, hatte im großen stattlichen Pfarrhof des Dorfes einen Verkaufsraum eingerichtet, wo wir einmal in der Woche einkaufen konnten. Außer den Nahrungsmitteln hatte der Kaufmann auch Zwirn, Nadeln, Bänder, Einziehgummi, Seife, Waschpulver, Schuhcreme und Schulartikeln lagernd.

In einer Ecke hinter der Tür stand das Petroleumfass. Niemand rümpfte die Nase, wenn es davon stank. In einer anderen Ecke lehnten Reisigbesen, Schrubber und Stiele. In großen Gläsern waren die begehrten Stollwerk, ein Stück kostete damals zehn Groschen. Eine Tafel Schokolade in Grün oder Blau war um einen Schilling zu bekommen.

Nach der Schule war der Verkaufsraum von uns Schülern voll. Trotzdem brauchten wir nie lange warten, denn Herr Zotter war bei der Bedienung sehr flott, obwohl er noch fast alles abwiegen musste und die Preise im Kopf zusammenrechnete.

Trotz der Fülle des Angebotes kaufte ich immer nur das ein, was meine Mutter mir aufgetragen hatte. Und das war immer nur das Allernotwendigste wie Zucker, Salz, Grieß, Linde- und Frankkaffee, russischer Tee, eine Schachtel Radion, Schuhschmiere zum Imprägnieren der Schuhe und Schuhcreme, damit unsere Schuhe auch richtig glänzten.

Hin und wieder leistete ich mir eine Wurstsemmel und etliche Stollwerk von meinem eigenen Geld. Eigenes Geld erarbeitete ich mir durch Schwarzbeerpflücken und Pilzesammeln. Das Geld musste auch für die Schulsachen reichen. Besonders freute ich mich über meine erste blaue Füllfeder, die ich mir mit diesem Geld leisten konnte. Die Feder kostete etwa fünfzehn Schilling. Mein Gesamterlös betrug in einem Sommer etwa siebzig Schilling.

Butterschmalz

Vom Wiesenmähen und vom Heuen

Aus der überschüssigen Butter machte meine Mutter Butterschmalz. Die vorsichtig erhitzte Butter schöpfte sie in irdene Töpfe. Mit diesem Fett wurden die Dampfnudeln und die Freitagskost im Winter abgeschmalzen. Für das *Miazerlkouch* an Fasttagen war auch eine größere Menge vonnöten.

In den wässrigen Eiweißrückstand am Boden des Butterschmalztopfes staubte meine Mutter etwas Mehl. Diese hoch aufschäumende Masse hieß Läuterkoch. Wir brockten viel Brot ein und löffelten diese süßliche Speise zur Jause gleich aus dem Topf.

In ein Butter-Milch-Gemisch hat meine Mutter Reibgerstel eingekocht, eine Hand voll Rosinen beigemengt und gezuckert. Dieses Koch gab es beim Wiesenmähen um sechs Uhr zur *Fruasti*, daher heißt dieses Schmalzkoch auch *Modafruasti*. War die Wiese weit vom Hof entfernt, so brachte die Bäuerin das Koch den Mahdern sogar nach auf die Wiese.

Die Bezeichnung Wiese galt für große Mähflächen, die wegen der Unebenheit nicht pflügbar waren. Oft mitten im Wald, steil mit tiefen Gräben, auch sumpfig mit magerem, spärlichem Gras. Bei diesen großen Flächen halfen sich die Nachbarn untereinander aus. Und so standen schon bei Tagesanbruch bis zu zehn Mahder der Reihe nach hintereinander auf der Wiese und ließen ihre Sensen im taunassen Gras schwingen.

Wenden des Heues, um 1950.

Ständig wetteiferten sie dabei um die bessere Schneid, waren immerzu auf der Lauer, um den schwächeren Mahder bloßzustellen.

Es zählte die Breite der Mahd, der glatte Schnitt und das Anhalten der guten Schneid. Die größte Blamage für einen Mäher war, wenn er „ausgemäht" wurde, d. h., wenn er vom Hintermann überholt wurde. Hohn und Spott musste der Bedauerliche den ganzen Tag über einstecken und erdulden.

Die Recherinnen, eine musste vier Mähern nachkommen, zerstreuten das Gras, trugen vom Sumpf und vom

Das Heimbringen der Heuernte mit dem Kuhgespann, um 1950.

Schatten das Gras heraus und breiteten es an der Sonne aus.

Länger als einen halben Tag hielt die Schneid ohne Dengeln nicht. *„Deng, deng, deng"*, hallte es im Takt. Auf dem eisernen Dengelstock wurde die stumpfe Schneid der Sense mit dem Dengelhammer ausgeklopft.

Welche Arbeit ist am Bauernhof am wenigsten anstrengend? Natürlich das Mähen. Denn, *„baim Dengln kaust sizn, baim Wezn kaust schtea und baim Mahn schea loungsom hintn nochi gea."*

Einmal half ich beim Wiesenmähen bei meinem Onkel mit. Am Abend nach der anstrengenden Arbeit ging es dort gar lustig zu.

Die Dirndln steckten zwischen die Germstrauben in der Schüssel kleine Blumensträuße, die so genannten Mahderbuschen. Jeder Bursche angelte sich einen heraus und steckte ihn auf seinen Hut. Es waren auch Brennnesseln darunter, das tat dann natürlich weh. Bei einer großen Schüssel Schnapskrapfen ließen die Großen den Tag ausklingen. Schnapskrapfen gab es nach jeder großen Erntearbeit wie nach der Heumahd oder dem Kornschnitt. Der Schnaps war mit kaltem schwarzen Tee verdünnt und mit Honig etwas gesüßt. In einer Schüssel wurde er über die im heißen Fett knusprig gebackenen kleinen Krapfen-Quadrate gegossen. Fröhlich und ausgelassen löffelten die Männer bei dieser „geistigen" Speise um die Wette. Wer wird wohl der Geeichtere sein und am meisten vertragen? Die Stimmung hob sich dann je. Es wurde gesungen und gelacht und alle Mühe war vergessen.

Richtig heiß ging es beim Heuen zu. Zwei bis dreimal musste das Heu mit Holzgabeln gekehrt werden, damit es gut durchtrocknen konnte. Danach wurde das Heu zu kleinen Haufen zusammengeschoben und alles fein säuberlich zusammengerecht. Im Heukarren mit den hohen Holzsprießen wurde das Heu von meiner Mutter zusammengetreten. Um kein Heu zu verlieren, wurde es oben noch zusätzlich mit einer Stange beschwert. Mit den Ochsen brachten wir das Heu in den Stadel. Gerne hat unser Vieh das Heu den ganzen Winter über gefressen.

Zur Nachmittagsjause ließen wir uns erschöpft in die weichen, duftenden Heuhaufen fallen. Genüsslich tunkten wir das Brot in gezuckerten Apfelmost und leicht beschwipst arbeiteten wir weiter.

Die zerkratzten Hände und Füße brannten uns abends beim Waschen wie Feuer. Erst recht, wenn wir auf die wunden Stellen Arnikaschnaps schütteten.

Wie in alten Zeiten wird beim Tagmahl bei der Familie Brunner aus einer gemeinsamen Schüssel zugelangt (Greißlermuseum, Schwanberg).

Auch ohne Fleisch satt werden

Stolzer Hahn mit Henne …

Eierspeisen

Von unserem Hühnervolk, von den Kalkeiern und von der Kalkgrube

Zu unserem Hühnervolk zählten zwanzig Altsteirerhennen und natürlich ein stolzer bunt gefiederter Hahn. Bei Tag hatten die Hühner freien Lauf, in der Nacht saßen sie in der Ecke im Rinderstall. Da hatten sie es auch im Winter warm und dankten es uns mit Eiern. Zum Fressen bekamen sie Hafer- und Weizenkörner und ein Tröglein Milch. Die getrockneten Eierschalen und die fein zerstampften Knochen, die in der Küche anfielen, brauchten die Hühner dringend zur Deckung ihres Kalkbedarfes.

Grün und blau ärgerte ich mich oft über die *Hea*, wenn sie auf die *Grean* schissen oder sich gar ins Hausinnere verirrten und auch da ihre Spuren hinterließen.

Eine ständige Gefahr für das Hühnervolk waren Fuchs und Geier. Hörten wir den Geier über dem Gehöft pfeifen, machten wir einen höllischen Lärm, um ihn zu vertreiben. Waren die Hühner zu nahe am Wald, so kam es auch vor, dass sich der Fuchs eine Henne schnappte. Und meine Mutter klagte dann wieder um eine „fleißige Henne“.

Bei lang anhaltender Kälte und bei Schnee ließ die Legeleistung stark nach. Setzte aber die Schneeschmelze ein und war es in sonnigen Lagen schon aper, kratzten und scharrten dort die Hühner unermüdlich. Der blasse Kamm der Hühner wurde von Tag zu Tag röter, das Gefieder bekam wieder Glanz und die Hennen sangen um die

Wer hat den längsten Palmbuschen? Palmbuschweihe in St. Ponkratzen, 1955.

Wette. Den ganzen Vormittag hörten wir das Gegacker legender Hennen, das sich ungefähr so angehört hat: *„Go go go Oa gläigt, wounst mi bessa gfuatat häst, hätt i zwoa gläigt."*

Für den Nachwuchs setzte meine Mutter im Jahr drei Bruthennen mit zwölf Eiern als Gelege in dunkle, geschützte Winkel. War es kalt, wenn die „Pipperln" (Küken) nach drei Wochen Brutzeit schlüpften, holten wir die Brut einfach in die Stube und steckten sie in das warme Loch unter dem Backofen.

Genug *„Hulz ba da Hittn"* bedeutete unter anderem Wohlstand und Ordnung am Hof.

Für die ausreichende Verköstigung war es äußerst wichtig, das ganze Jahr über, wenn Fleisch rar war, wenigstens ausreichend Eier zu haben. Dies erforderte von den Frauen viel Geschick und Mühe.

Vor Weihnachten verkaufte meine Mutter die Frischeier um einen Schilling fünfzig statt dem üblichen Preis von einem Schilling. Für den Eigenverbrauch hatte sie noch Eier, die in Kalk eingelegt waren.

Die Dotter von diesen Eiern hatten eine intensive dunkle Farbe. Für das Weichkochen waren diese Eier jedoch ungeeignet.

In dickwändige viereckige Gläser legte meine Mutter in guten Eierzeiten vorsichtig die Eier und schüttete Kalkwasser darauf. Im Keller halten sich so konservierte Eier bis zu einem drei viertel Jahr. Auch in das Getreide im Getreideschrein haben wir Eier eingelegt, diese waren aber nicht so lange haltbar wie die Kalkeier.

Auf jedem Bauernhof war eine zirka ein Kubikmeter große Kalkgrube. Darin war blütenweißer, gelöschter Kalk mit Wasser bedeckt.

Diesen Kalk benötigten wir am Hof zum Anrühren von Mörtel. Damit wurde gemauert oder verputzt. Auch für das Kalken der Wände im und ums Haus wurde er verwendet. Die frisch gekalkten Wände verströmten einen ungeheuer frischen, appetitlichen und reinen Geruch. Bei Seuchen wurden Stallungen mit Kalk desinfiziert und ein Kalkteppich verhinderte eine Übertragung der Krankheit. Nur eine kleine Menge davon brauchten wir zur Eierkonservierung. Eine Maurerkelle voll teigigem Löschkalk wurde in fünf Litern Wasser aufgelöst und über die in Gläser eingeschichteten Eier geleert.

War die Kalkgrube leer, so wurde Kalk gelöscht. Stückkalk, das ist gebrannter Kalk, leerten die Männer in einen großen Trog. Sobald sie Wasser dazuschütteten, zischte, sprühte und dampfte der Kalk furchterregend. Mit langstieligen Hauen zum Schutz vor Verätzungen rührten sie das Gemisch zu einer teigigen Masse und schaufelten diese in die Grube.

So eine Grube war eine große Gefahrenquelle für Kleinkinder, insbesondere wenn die darüber liegende Holzabdeckung schadhaft war.

Zu meinem Geburtstag kochte meine Mutter mir gerne ein *Gschmölza*, weil es meine Leibspeise war. Heute sagen wir zu einem *Gschmölza* einfach Eierspeise.

Pro Person verrührte sie dafür zwei Eier, salzte und pfefferte ein wenig und gab zwei Esslöffel fein geschnittene Kräuter wie Liebstöckel, Schnittlauch, junge Brennnesseln und Gundelrebe dazu.

In einer niederen Eisenrein hat sie dann einen Esslöffel Schmalz erhitzt und die Eiermasse darin stocken gelassen.

Ein *Gschmölza* war in meiner Kindheit durchaus nichts Alltägliches. So war es Brauch, dass jene Burschen, die am Palmsonntag die überaus langen Palmbuschen zur Weihe trugen, daheim dann ein *Gschmölza* bekamen.

Damit die Hitze des Feuers unmittelbar ausgenutzt wurde, kochte meine Mutter die Eierspeise immer am offenen Herdfeuer. Danach schloss sie die Herdplatte mit den Herdringen.

Um Zündhölzer und Späne zu sparen, machte meine Mutter mit einer Schaufel Glut vom Herdfeuer auch in den übrigen Öfen des Hauses und im Saukessel Feuer. Der Saukessel im Vorraum war ein gemauerter Sockel mit

Traf dies zu, so mussten wir weiblichen Familienmitglieder stundenlang das ekelhafte Getier von den Krautpflanzen klauben.
Anfang November, um Leonhardi, meist hatte es schon zum ersten Mal heruntergeschneit, schabten wir das Kraut ein. Dies war der erste Hüttenschichttag.
Alle Familienmitglieder, einschließlich Männer, halfen bei dieser Arbeit mit. Zuerst wurden in der Stube die gelben und schlechten Blätter entfernt, der Krautkopf in der Mitte geteilt und der Strunk herausgeschnitten. Mit dem großen Krauthobel schabte einer meiner Brüder die Krauthälften ganz fein in einen darunter gestellten Korb.

Im Keller des Hauses stampfte ein anderer Bruder bloßfüßig, und das, obwohl es sehr kalt war, das Kraut in den Bottich. Fast vierhundert Liter Inhalt fanden in so einem Bottich Platz. Dann streute er drei Fäuste Salz, Kümmel und Wacholder darüber. War der Bottich voll, wurde das Kraut mit Brettern abgedeckt und mit großen Steinen *gschwart*. Dabei lief immer schon viel Krautwasser über. Nach drei bis vier Wochen war das Kraut vergoren und die Sauerkrautzeit war wieder angebrochen.

Mein Vater erzählte einmal von einer Begebenheit aus schlechteren Zeiten. So soll ein sehr hungriger Mann dem Pfarrer das Kraut gestohlen haben und auf den leeren Bottich geschrieben haben: „Wer auf Gott vertraut, der braucht kein Kraut."

Gekochtes und klein geschnittenes Selchfleisch auf Sauerkraut war bei uns eine übliche Krautspeise. Angerichtet wurde das mit Grammelfett abgeschmalzene Kraut in einer großen Schüssel. Am Tisch zerkleinerte mein Vater das Fleisch in mundgerechte Stücke, die dann auf dem

Kraut verteilt wurden. Dazu schnitt meine Mutter für jeden ein Stück Brot vom großen Laib. Manchmal haben wir auch Erdäpfel dazugegessen.

An fleischlosen Tagen oder Fasttagen kam Kraut allein auf den Tisch. Davon leitet sich wohl der zweideutige Ausspruch *„Übers Kraut gibt's niks"* ab.
Weil ich damals noch zu klein war, um auf den Tisch zu langen, aber auch nicht mehr allein am eigenen kleinen Kindertisch sitzen mochte, zwängte ich mich auf der Bank kniend zwischen zwei erwachsene Geschwister. Dadurch hatte ich auch einen besseren Überblick, was am Tisch geschah.

Als Tischregel galt nicht zu reden und nicht zu schmatzen. Jeder durfte nur aus seinem Bereich der Schüssel herauslöffeln. Übergriffe auf das Fleisch des Sitznachbarn wurden nicht geduldet und mit Löffelhieben auf den Handrücken bestraft.

Streng war auch die Sitzordnung auf unserem großen Esstisch geregelt. Jeder hatte seinen eigenen Platz. Mein Vater saß auf der stabilen Bank an der Ecke des Tisches mit dem Rücken zur Wand. Neben ihm fanden meine Brüder, vom Ältesten zum Jüngsten aufgereiht, ihren Platz, daneben meine Schwestern und ich. Meine Mutter und meine älteste Schwester saßen auf Stühlen, vielleicht auch deshalb, um jederzeit leicht aufstehen zu können und zu bedienen.

Gegessen haben wir alle aus einer gemeinsamen irdenen Schüssel, die in der Mitte des Tisches hingestellt wurde. Besteck gab es außer blecherne Löffel für die Suppe und

Meine Eltern und meine beiden Schwestern Mitzi und Tilde am großen Stubentisch vor unserem Herrgottswinkel, um 1960.

ein paar Gabeln keines. Die Tafelmesser erübrigten sich, da das Fleisch ohnehin vom Vater für alle geschnitten wurde.

Fließendes Wasser gab es nur am Brunnen vor dem Haus.

Wie in jedem Bauernhaus war auch bei uns im Eck hinter dem Tisch der Herrgottswinkel. Dort hing ein Kreuz, ein Herz-Jesu- und ein Herz-Mariä-Bild sowie der

Palmbuschen. Auch unsere Uhr fand dort ihren Platz auf einem schön gestickten Kreuzstickdeckchen.

In der Kredenz waren die blechernen Salatschüsseln, etliche Suppenschüsseln aus Steingut, ein paar kleine blaugetupfte Blechschalen, eine Kasserolle sowie ein paar Suppen- und Fleischteller verstaut, die allerdings nur für Gäste verwendet wurden. Ebenso stand in der Kredenz für jeden von uns ein eigens Milchhäferl, ein paar gläserne Mostkrügerln für Besucher sowie der große Mostkrug.

Zu unserem Kücheninventar gehörte ebenfalls das rußige Herdgeschirr, das unter der Wasserbank auf einer Stellage stand. Dort war es mit einem rot karierten Vorhang verhängt. Zum Herdgeschirr zählte eine tiefe gusseiserne Rein mit zwei Griffen, zwei langstielige niedere Eierspeisreinen und ein paar kleinere und größere eiserne Kochtöpfe.

Auf der Wasserbank stand auch das Holzschaff zum Geschirrabwaschen und die blecherne Wasserschüssel für unsere spärliche Körperpflege. Schmutziges Wasser schütteten wir vor der hinteren Haustüre den Hang hinunter.

Unser Frischwasser stand in Eimern auf der Wasserbank hinter der Tür. Von dort schöpften wir das Wasser mit einem braunen Wasserschöpfer. Vor dem Haus stand der Brunnen mit Fließwasser und der Wassertrog, in dem im Sommer unter anderem der Salat gewaschen wurde. Das Wasser heranzuschleppen war für uns zwar nicht allzu beschwerlich, dennoch hatten alle eine große Freude, als in den fünfziger Jahren das Fließwasser in die Stube eingeleitet wurde.

Ruam

Vom Erdäpfelanbau und der Ernte und von den Erdäpfeln im „veredelten Zustand“

Ruam, so nannten wir unsere Erdäpfel, waren bei uns ein regelmäßiges und auch sättigendes Gericht. Besonders beliebt war das *Ruamboggerl.* An hohen Feiertagen wurde diese Köstlichkeit als Beilage, an Werktagen manchmal als Hauptspeise angerichtet. Rohe, blättrig geschnittene Erdäpfel hat meine Mutter für dieses *Boggerl* mit Salz, Kümmel und Knoblauch gewürzt. Mit Rahm übergossen hat sie das *Boggerl* in einer befetteten Kasserolle im Ofenrohr gebacken.

In der Regel gab es hingegen nur in der Schale gekochte Erdäpfel. Davon brachte meine Mutter einen großen Häfen voll zu Tisch.

Jeder nahm sich seinen Anteil heraus und legte diesen vor sich auf den Tisch hin. Eine um die andere Erdäpfel schälten wir uns mit dem Löffelstielende und aßen sie, in der linken Hand haltend, wie ein Stück Brot zum Salat oder zum Kraut.

Angebaut haben wir die Erdäpfel auf einer gut mit Stallmist gedüngten brachgelegenen Egat. Eine Egat war eine Wiese, die einige Jahre lang nicht gepflügt wurde.

Das Anbauen der Erdäpfel Anfang Mai gehörte zu meinen Lieblingsarbeiten, für die ich sogar die Schule schwänzte. In die aufgebauten Zeilen legte ich die Saaterdäpfel. Mein Fuß war dabei das Maß für den Abstand.

So wie ich damals als Kind, sind auch heute meine Enkel von der Arbeit beim Erdäpfelanbau begeistert.

Eine Erdäpfel legte ich bei der Zehe, eine bei der Ferse. Im Mai durfte ich schon barfuß gehen. Die sandige Erde des gut geeggten Ackerbodens an meinen nackten Füßen zu spüren begeisterte mich.

Anfang Oktober ernteten wir dann eine beachtliche Menge Erdäpfel. Zehn- bis zwölftausend Kilogramm war der Ertrag von einem Acker in der Größe eines Jochs. Durch das *Ruamlouch* in der Hausmauer beförderten wir die großen Mengen direkt vom Karren in den *Ruamkoutta* im erdigen Keller des Hauses. Das war ein Verschlag im Ausmaß von vier mal drei mal zwei Metern, der dann über und über mit Erdäpfeln voll war.

Von der Ernte an wurden tagtäglich große Rationen *Sauruam* gedämpft. Viele Bäuerinnen und besonders die Bauern waren damals der Meinung, die *Ruam* seien erst im „veredelten Zustand" das Wahre. Sie meinten damit, dass die Schweine mit Erdäpfeln gefüttert werden sollen, damit sie zuerst Fleisch und dann ordentlich Fett ansetzen können.

Die gedämpften heißen Erdäpfel wurden im Futtertrog zerstampft, kräftig gesalzen und mit viel Haferschrot vermischt. Von diesem Futter bekamen die Mastsauen etwa vier Monate lang große Mengen. Dann waren sie ordentlich fett und schlachtreif.

Vom beigemengten Hafer wurde der Speck der Schweine resch. Und das Fleisch blieb trotz höheren Alters durch zwischengelagertes Fett mürbe.

In meiner Küche gibt es auch heute nur selbst gemachte Nudeln.

Oben:
Nudeln auswalken.

Mitte:
Nudeln schneiden.

Unten:
Nudeln auflockern.

Nudeln

Vom Nudelteig, von der Gastfreundschaft und vom Zäunen

„Wos is hait fia a dog? Hait is Nudldog!“ Zum Glück hat meine Mutter nicht so einen straffen Verköstigungsplan gehabt, wie dieses Lied erzählt. Nudeln jedenfalls, in welcher Art auch immer, waren bei uns Hauptspeise. Für meine Mutter war das Nudelmachen noch Schwerarbeit. Alle Teige, wie Nudel- oder Strudelteig, ebenso wie Mürbteig oder Germteig, knetete meine Mutter in der hölzernen Leitzschüssel.

Den festen Nudelteig bereitete meine Mutter aus mindestens zehn bis zwölf Eiern. Diese Menge reichte gerade für ein Tagmahl unserer zehnköpfigen Familie.

Den Teigklumpen teilte sie in sechs Teile, knetete diese nochmals am Nudelbrett kurz durch und walkte sie nach kurzem Rasten aus.

Wenn die Mutter Nudeln machte, so war in der Stube für eine Weile kein Platz zum Niedersetzen mehr frei. Auf Tisch und Bänken waren die Nudelblätter auf Tüchern aufgebreitet. Mit viel Schwung, so hab ich es noch gut in Erinnerung, lockerte sie die geschnittenen Nudeln mit beiden Händen und breitete sie zum Fertigtrocknen am Brett aus.

In die große eiserne Rein gab sie fünf bis sechs Esslöffel Schmalz und lies darin die gekochten, abgeseihten Nudeln knusprig anringeln. Um diese *Bondnudln* war vielleicht ein G'riss!

Wenn die Nudeln nicht „taunass" waren, d. h., wenn sie nicht ausgiebig geschmalzen waren, schimpften die Männer. Einerseits, weil sie zu wenig Geschmack hatten, andererseits aber, weil das Sättigungsgefühl nicht lang angehalten hat und der Hunger die Knie schlottern ließ. Zu diesem starken Hungergefühl sagten wir auch „Hundskrankheit". Daher trachtete jede Bäuerin in den Wintermonaten ihre hölzernen Schmalzkübeln randvoll zu bekommen. Fleisch war unter anderem auch deshalb Mangelware, weil es schwer haltbar zu machen war. So bestand die bäuerliche Kost hauptsächlich aus kohlenhydratreichen Nahrungsmitteln. Damit diese anhaltend sättigten, war es unumgänglich, sie ordentlich mit dem Energiespender Fett anzureichern. Nach heutigen Gesichtspunkten kaum zu verstehen.

Der gebräuchliche Ausspruch *„Oa Nudl, oa Doag"* weißt darauf hin, dass der gleiche Teig dieselben Nudeln ergibt und damit eine eintönige Kost. Um immer wieder ein wenig Abwechslung in den Speiseplan zu bringen, bereitete meine Mutter mehrere Varianten von Nudeln zu. So gab es wie erwähnt die knusprigen Bandnudeln oder die *Flegglnudln*.

Dünn ausgerollte Nudelblätter trocknete und bräunte meine Mutter im Backrohr, zerbrach die spröden Teigblätter dann in Stücke und kochte sie im Salzwasser weich. Reichlich geschmalzen kamen sie auf den Tisch.

Wer heikel war oder über die Kost nörgelte, bekam oft zu hören: *„Da Hunga koucht guate Nudln!"* Damit war wohl gemeint, wer Hunger hat, isst widerspruchslos alles.

„Guatn Appetit", wünschte uns des Öfteren ein zufällig Einkehrender, als wir beim Tagmahl saßen. *„Nimm an*

Löffl und iss mit!", kam vom Vater prompt die Einladung zum Mitessen. Waren, so wie bei uns, schon zehn Leute am Tisch, so hatte auch noch ein Elfter Platz, um aus der Schüssel oder Rein löffeln zu helfen.

„Schodn mochn a no", hieß es dann oft vom Gast. *„Schodn mochts Wetta"*, war darauf die übliche Antwort des Gastgebers.

Lang ließ sich der Gast meistens nicht heißen und langte mit den anderen kräftig aus der gemeinsamen Schüssel in der Mitte des Tisches zu.

„Mogst oamol drinkn?" Jeder, der bei uns zukehrte, bekam auch gerne ein Krügerl Most mit dieser Einladung. Mit einem *„Vergölts Gout fia olles"* bedankte sich dann der Zugekehrte. Der Vater lud ihn daraufhin ein, wieder einmal vorbeizuschauen.

Meine Leibspeise, die Zaunbändernudeln, konnte meine Mutter nur kochen, wenn sie genug Rahm hatte. Dies war vorwiegend in den Sommermonaten der Fall, wenn die Kühe bei Grünfutter viel Milch gaben.

Den dünn ausgewalkten Nudelteig hat meine Mutter mit dickem Rahm bestrichen, mit Kräutern bestreut, leicht gesalzen und eingerollt. In einer Stoffserviette eingebunden wurden die Nudeln zwanzig Minuten im Salzwasser gekocht. Angerichtet wurden die Zaunbändernudeln als zwei Finger breit geschnittene Streifen mit heißer Butter oder Grammeln.

Noch heute bereite ich diese Speise nach dem Rezept meiner Mutter mit Begeisterung zu. Diese Spezialität wird auch von meinen Gästen sehr geschätzt.

Bruder Luis richtet Material zum Zäunen.

Von den fingerdicken Fichtenästen, die zum Binden von Holzzäunen gebraucht wurden, haben die Nudeln den Namen.

Fichten- oder Lärchenäste, Dürrlinge, herausgeschnitten aus Walddickichten, waren die Materialien für den Holzzaun, der bei uns immerhin in einer Länge von etwa drei Kilometern stand. Feld und Wald waren separat eingezäunt. Das Feld zum Schutz vor frei umlaufenden Tieren, der Wald für den Auslauf der Kühe und Schafe, wo sie jedes Stammerl Gras abweiden konnten.

Auf dem Ziehkarren war das Material zum Zäunen aufgeladen. Diesen zogen meine drei Brüder Franz, Luis und Toni entlang des Zaunes von Schadstelle zu Schadstelle. Da war eine Hecke abgetreten, da wieder ein Stecken in der Erde morsch oder ein Band abgebrochen. Sie überprüften auch die Haltbarkeit der Stiegel, die das Über-

Meine Brüder Luis und Toni drehen wie in ihrer Jugend auch heute Fichtenbänder zum Binden des Holzzaunes.

klettern des Zaunes ermöglichten, wenn ein Steig gezäunt war. Mit der Breitseite der Hacke trieben die Zäuner die Zaunstecken im Takt in den Boden. Das hörte sich gut an. Im Mai war die Zeit des Zäunens, weil da das Holz maischälig war, das heißt, die Bäume waren über und über in Saft. Nur in dieser Zeit ließen sich die Fichtenäste durch beidseitiges kräftiges Winden zu Bändern biegen. Damit wurden die zwei senkrechten Zaunstecken verbunden. Darauf wurden die Querstangen gelegt.

Beim *Kschizain*, dem Geschiede- bzw. Grenze zäunen, sprach man sich mit den Nachbarn ab. Auch der brachte Zaunmaterial mit und gemeinsam wurde gearbeitet.

So ungern mochten meine Brüder diese Arbeit nicht. Denn wenn sie gerade wo in Deckung waren, gönnten sie sich einen Lanzler und holten so den vielleicht versäumten Schlaf der letzten Nacht nach.

Die Nachmittagsjause um vier Uhr brachte immer ich den Brüdern, weil ich als Jüngste für andere anstrengende Arbeiten noch *niks nuz*, d. h. noch nicht zu gebrauchen war.

Im Korb brachte ich Verhackertbrot oder Speck, beim *Kschizain* auch trockene Hauswürstel mit, damit der große Nachbar sah, dass wir auch davon genug hatten. Einen Krug Most, von dem ich nicht zu viel ausschwappen durfte, schleppte ich auch mit.

Beim Zäunen mitten im Wald wusste ich nie genau, wo meine Brüder gerade arbeiteten. So stieg ich den ausgebesserten Zaun entlang, bis ich sie antraf. Zum Jausnen setzten sich die Männer auf ihre verschmierten Filzhüte, ich auf mein wollenes Jankerl, zum Schutz vor dem feuchtkalten Waldboden. Die Hände der Zäuner waren pechschwarz, verströmten aber einen unbeschreiblich würzigen, harzigen Wohlgeruch. Und wie die Jause im Wald schmeckte! Nur trinken sollte ich erst wieder zu Hause, meinten meine Brüder, damit der Krug Most für sie selber reiche.

Den Heimweg machte ich immer auf Umwegen. Ich musste ja auf der Bürstlingwiese nachschauen, ob der Enzian schon blüht. Am Heuweg hüpfte ich über die von Fuhrwerken abgeschliffenen Wurzeln, beobachtete eine Weile die Eichkätzchen beim Baumkraxeln. Aus Moos und Zweigen baute ich Haus und Stall. Fichten- und Föhrenzapfen waren meine Tiere. Ich liebte das weiche Moos unter den bloßen Füßen. Meinen Durst hatte ich da längst vergessen!

Nicht überall ging es beim Zäunen so friedlich zu wie bei uns. Mein Vater erzählte einmal von einem großen, aber

Von den fingerdicken Fichtenästen, die zum Binden von Holzzäunen verwendet werden, haben die Zaunbändernudeln ihren Namen erhalten.

geizigen Bauern, dem seine Dirn beim Zäunen helfen musste. Der Bauer kramte zur Jause aus seinem Jausenzegger für beide Brot und nur für sich selber eine Wurst. Von der zog er die Haut fein säuberlich ab und gab sie der Magd mit der Aufforderung: *„Do, wickl dia 'n Finga ain, dos di net schbalst!"*

Einerseits machte der Bauer mit seinem Verhalten den sozialen Unterschied zwischen seinem Stand und den Dienstboten deutlich. Anderseits demütigte er die Magd mit seinem Ausspruch ein zweites Mal. Denn mit der Wursthaut sollte sie sich vor dem Unrecht schützen, das der Bauer ihr angetan hat. Durch solches Verhalten von Besitzern zu abhängigen Dienstleuten ist viel böses Blut entstanden.

Dampfnudeln am Nudelstuhl auf dem alten Herd beim Nachbarn Posch.
Vorne ist ein Schmalzkübel, im Hintergrund ein Butterfass zu sehen.

Dampfnudeln

Von der Stör

Meine Mutter kochte oft Dampfnudeln. Dieses gut sättigende Gericht ist eigentlich kein Nudelgericht, sondern nichts anderes als gekochtes Brot.

Für die Dampfnudeln hat meine Mutter zuerst einen festen Germteig bereitet. Den Teig hat sie dann in einem mit einem größeren Tuch ausgelegten Korb aufgehen lassen. Danach wurden die Tuchenden locker zusammengebunden und der Teig im heißen Wasserbad zugedeckt fast eine Stunde ziehen gelassen. Angerichtet hat uns die Mutter die Dampfnudeln in Scheiben geschnitten, wobei jedes Stück mit heißer Butter beträufelt wurde. Dazu passend gab es auch oft heiße Milch.

Diese Nudeln waren zu den Raunächten und am Karsamstag bei uns als Nachtmahl Tradition. Weil dem Griajockl Franzl diese Nudeln so gut schmeckten, kochte meine Mutter immer Dampfnudeln, wenn er bei uns auf Stör war.

Um die vielen hölzernen Gebrauchsgegenstände und Gerätschaften zu erneuern und auszubessern, schickte mein Vater um den Griajockl Franzl. Sein Werkzeug im Buckelkorb, Pfeife rauchend, stets gut aufgelegt kam er angehumpelt.

War die Wasserleitung zu reparieren, wurden etwa vier Meter lange Lärchenstämme mit ungefähr zwanzig Zentimeter Durchmesser auf Gerüsten befestigt. Von beiden Seiten wurden sie mit einem zwei Meter langen Bohrer angebohrt. Die Kunst lag in der geraden Führung der

Reiche Ernte aus dem Garten.

Vom Garten auf den Tisch

An der Längsseite des Gartens hatte meine Mutter eine Fülle von Kräutern, mit denen sie es verstand, die Speisen harmonisch zu würzen.

Salat und Küchenkräuter

Vom Hausgarten, von Sämereien und verschiedenen Salatvariationen

Nahe vom Haus an einem sonnigen Hang hatte meine Mutter ihren Garten, ihr Reich. Jede freie Minute verbrachte sie darin. Sie verstand es, mit viel Fleiß und Mühe mit den Erträgen aus dem Garten den Sommer über die Kost recht abwechslungsreich, genussvoll und aus heutiger Sicht vitaminreich zu gestalten.

Ein schmales Blumenbeet entlang des Holzbretterzaunes einer Breit- und einer Längsseite des Gartens zierte diesen. Angefangen bei den Märzenbechern oder Narzissen als Frühlingsboten bis hin zu den Allerheiligenblumen im Spätherbst – stets blühte etwas in der Rabatte. Im Bogen über dem Gartentürl Heckenrosen mit zahllosen dunkelroten Blüten, rote und weiße Nagerln und Pfingstrosen mit ihrem betörenden Duft, als Bodendecker der Sonnblick, Lilien, Astern und andere prächtige Blumen.

Meine Mutter beteuerte stets, dass Gartenarbeit für sie Erholung sei, als Ausgleich und Abwechslung von der zermürbenden, nie enden wollenden Hausarbeit. Ich glaube ihr das gerne.

An einer Längsseite des Gartens, geradeaus vom Gartentürl, hatte Mutter die mehrjährigen Kräuter. Gleich am Anfang stand der meterhohe *Hoaland*, das Liebstöckel. Ein kleines Stammerl von diesem Kraut in der Speise war genug, um nicht im Geschmack hervorzustechen.

In die Suppe kamen die dicken, samtenen Blätter von der fetten Henne, einem Staudengewächs. Weiters hat

Mutter im Kräuterbeet noch einen augenscheinlich alten Salbeistock, dessen Blätter sie zum Würzen von Schafgerichten, aber auch als Arznei zum Gurgeln bei Halsweh verwendete.

Viel Majoran und Thymian besonders zum Würzen von Innereien und die Schwammkräuter Basilikum und braune Minze fehlten natürlich auch nicht im Kräutereck. Mindestens zehn Schnittlauchstöcke standen in einer Reihe. Auch Petersilie und Möhren waren in der Nähe angebaut. Dadurch hatte meine Mutter, wenn sie zum Kochen ging, Kräuter und Wurzelwerk rasch zur Hand.

Das Suppengemüse, Petersilie und Sellerie (jeweils Wurzelwerk und Kraut) sowie Karotten, wurde für den Winter durch den Fleischwolf faschiert und mit viel Salz in Gläsern konserviert.

Etwas abseits von den anderen Kräutern stand noch eine Wermutstaude. Auf diese legte Mutter besonderen Wert, da Wermut in Schnaps angesetzt bei Verdauungsproblemen hilft. Bei mir waren solche schon bloß beim Gedanken an die gallebittere Arznei weg.

Außer Pfeffer und Salz hatte meine Mutter kein gekauftes Gewürz. Lediglich mit ihren Kräutern verstand sie es, die Speisen harmonisch abzuschmecken. Dies beweist wiederum die Kochkunst meiner Mutter.

Gerade bei der Gartenarbeit hat es auf den ersten Blick den Anschein, als ob es bis heute keine Veränderungen gegeben hätte. Nach wie vor wird der Garten händisch bearbeitet, auch die Anbau- und Aussaatregeln haben bis heute ihre Gültigkeit.

Salat säte meine Mutter prinzipiell, damit er nicht aufschießt, nur bei abnehmendem Mond. Als Sternzeichen bevorzugte sie die Waage. Total mied sie den Skorpion. Da wurden z. B. die Gurken bitter und die Pflanzen verspindelten sich, wie in der Form eines Skorpions.

Zum Schutz vor Vogelfraß deckte sie das erste Gesäte mit Fichtenreisig zu. Es dauerte lange, bis die Saat spross. Kalter Almwind bremste immer wieder das Wachstum.

Der gravierende Unterschied zum Gartenbau von heute ist, dass jedes Samenkorn, das meine Mutter gesät hat, von ihr selber, von einer Verwandten oder von einer Nachbarin gezogen wurde.

Große, feste Salatköpfe ließ sie für die Samengewinnung aufschießen und erntete die gut ausgereiften Samenstängel. Den Samen reinigte sie und verwahrte ihn gut beschriftet in Zeitungspapiertüten. Das Samenziehen von Kraut und Rüben dauerte zwei Jahre. Wiederum wurden bei der Ernte die festesten und größten Köpfe ausgewählt, die dann samt Strunk und Wurzeln ins Kellereck gestellt wurden, um dann im Frühjahr wieder in den Garten ausgesetzt zu werden. Bald sprossen aus der Mitte der Krautköpfe leuchtend gelbe Blütenstände.

Die Bäuerinnen halfen sich untereinander gut mit Sämereien aus. Gedieh bei einer der Unikum gut, so wusste eine andere beim Kirchgang oder Verwandtenbesuch von ihren schönen Gurken, vom besonders gut geratenen Kraut oder üppig an der Stange hinaufrankenden Bohnen zu erzählen. Durch den Tausch von jeweils hochwertigen Samen wurden im Garten gute Erträge erzielt. Die Pflanzen waren robust und widerstandsfähig.

Bei so einem Austausch haben sich meine Eltern kennen gelernt. Schmunzelnd erzählte mein Vater öfters diese Geschichte. Als junges Mädchen wurde meine Mutter zu

Hochzeitsbild meiner Eltern, 1923

Vaters Mutter um Krautsamen geschickt. Ihr freundliches, aufgeschlossenes und munteres Wesen hat meiner Großmutter auf Anhieb so gefallen, dass sie meinem Vater, der damals mit fünfunddreißig Jahren schon als „überständig" galt, den Rat gab: *„Luis, dos Diandl war a guate Bairin fia di."* Anscheinend war er auch der gleichen Meinung und hat diesen Rat gerne angenommen.

Sobald es im Frühjahr am Anger ein bisschen grün wurde, suchte meine Mutter diesen nach Röhrlsalat, den jungen Löwenzahnblättern, ab. Die spärliche Menge mischte sie in den noch warmen Erdäpfelsalat. Diese Köstlichkeit war eine willkommene Abwechslung zum tagtäglichen Sauerkraut, das uns nach dem Winter sowieso schon regelrecht „beim Hals hinausgestanden" ist.

Erst Anfang Juni hatten wir in unserem Garten den ersten Zupfsalat. So wurden die überschüssigen Salatpflanzen bezeichnet. Langwierig war es, von allen jungen Pflänzchen die Wurzeln wegzuschneiden. Wie wir uns aber über diese erste Schüssel zarten Salat gefreut haben, ist heute, da man jederzeit grünen Salat bekommen kann, nur schwer nachzuempfinden.

Den grünen Endiviensalat band die Mutter im Herbst locker mit Spagat zusammen, dadurch wurde der Salatbusch innen zart und gelb.

Mein absoluter Lieblingssalat war und ist heute noch der Rahmsalat. Der nudelig geschnittene Endivien- oder Häuptelsalat wurde mit Sauerrahm, warmem Essig und Kräutern abgemacht.

Ogmocht hat meine Mutter den Salat prinzipiell mit ihren Händen. Ruck, zuck hatte sie ihn in der weiten, tiefen Schüssel gut durchgemischt. Mit Daumen und Zeigefinger fischte sie sich dann eine Kostprobe aus der Schüssel.

Auf großen Beeten stand im Sommer der Häuptelsalat. Auf der Hausbank zeriss meine Mutter sorgfältig die Salatköpfe Blatt um Blatt. Am reschen Rispenkamm schnitt sie sie durch und zerpflückte die Blätter in mundgerechte Stücke. Ganz behutsam löste sie das Herzerl auseinander und steckte sich ab und zu ein zartes Blatt in den Mund.

Zwanzig Liter Mohnöl hatte meine Mutter für ein Jahr vorrätig. Die feinen Salate wurden mit diesem Öl abgemacht. Salate wie Krautsalat, Röhrlsalat und noch fester Endiviensalat wurden mit einem heißen Verhackert- oder Grammel-Essig-Gemisch abgemacht und mit Salz gewürzt. Besonders die Männer legten sich bei diesem Salat kräftig ins Zeug.

Wie im Winter Kraut, so gab es im Sommer Tag für Tag zum Tagmahl und oft auch zum Nachtmahl eine große Schüssel Salat. Darauf wurde manchmal feinblättrig geschnittenes Geselchtes, das in Verhackert eingelegt war, verteilt.

Zum Glück kochte die Mutter meistens einen großen Häfen mit Erdäpfeln. Mir schmeckten diese zum Salat tausendmal besser als Brot.

Rechts: Als Kind schmeckte mir unter den Gemüsesuppen die Erbsensuppe meiner Mutter am besten.

Supperl macht Baucherl

Auch heute ist für mich das *Fötta* ein praktisches Behelfsmittel wie z. B. beim Gemüseernten.

Das *Fötta* kam als Korb- oder Sackersatz vielerlei zur Verwendung.

Unten:
Auch als Schnäuztuch für Kleinkinder wurde das *Fötta* manchmal verwendet.

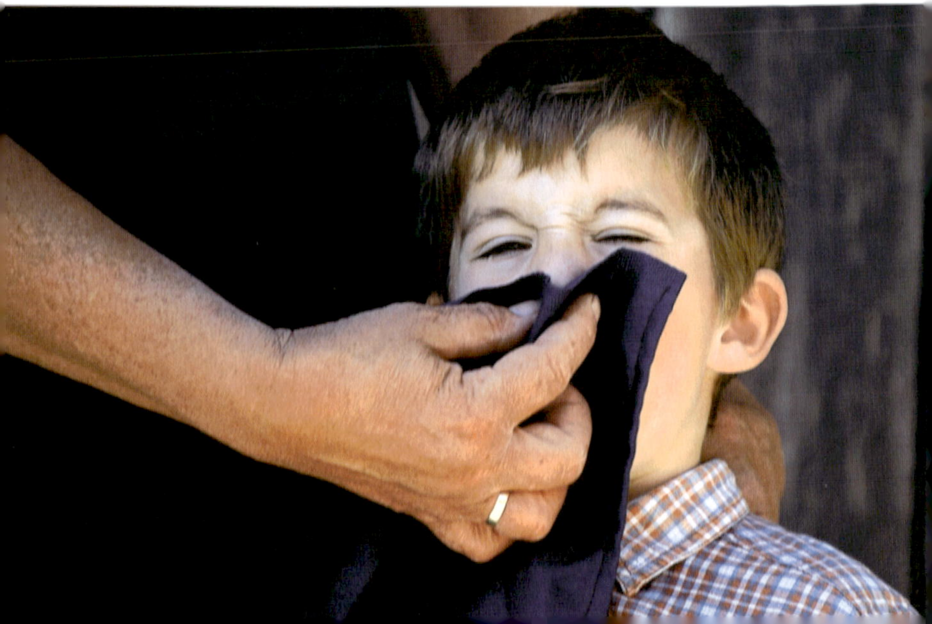

Gemüsesuppen

Von Mutters Führtuch

Eine der vielen köstlichen Gemüsesuppen meiner Mutter war die Erbsensuppe.

Gerade zu Ferienbeginn hingen die reifen Erbsen wie aufgefädelt an den Stauden. Selbstverständlich half ich meiner Mutter schon beim Pflücken der prall gefüllten Erbsenschoten. Lange und geduldig saß ich dann, um die riesige Menge Erbsen aus den Schoten auszulösen.

Statt Schmalz schnitt die Mutter diesmal einen ordentlichen Keil vom Butterstriezel und bereitete die Einmach aus Butter und Mehl. Gewürzt hat meine Mutter die Suppe mit viel klein gewiegter Petersilie und Basilikum. Zum Schluss schüttete sie noch Rahm aus dem Rahmtopf dazu. Es machte mir nie etwas aus, wenn sich in der dicksämigen Suppe ein paar Mehlklumpen befanden. Diese abwechselnd mit den Erbsen zu kauen war einfach köstlich! Mindestens zweimal musste meine Mutter mein Schüsselchen füllen und zuletzt schleckte ich dieses noch mit dem Finger aus. Wohlig strich ich mir dann über mein volles Wamperl und träumte schon von der nächsten Erbsensuppe. Damals galt die Regel: *„Supperl mocht Baucherl, Baucherl mocht Ausehn.“*

Mutters *Fötta*, mit dem sie nicht nur die Erbsen für die Erbsensuppe sammelte, war ein unheimlich praktisches Hilfsmittel im Alltag. Das *Fötta* war ein viereckiger blauer Fleck aus grobem Gradl, der mit Köperbändern um die Mitte gebunden wurde. Diesen Schurz trug meine Mutter immer. Zum einen schützte er die Trägerschürze aus Blaudruck vor arger Verschmutzung, zum anderen war er unglaublich vielfältig verwendbar.

Nie brauchte sich meine Mutter zu ärgern, wenn der Korb nicht an seinem Platz oder unauffindbar war. Hatte etwas in ihren Händen nicht mehr Platz, fasste sie einfach die Schürzenzipfel hoch und hatte so schon einen Sack z. B. für Kleinholz vom Waldrand, für Obst vom Anger, für Erdäpfel vom Keller, für Gemüse vom Garten, für Eier, die sie in versteckten Gelegen auflas, für die Bruthenne samt ihren Küken und für vieles mehr.

Waren Kleinkinder rotzig, packte sie diese am *Krawattl,* dem Hemdkragen, und schnäuzte ihnen mit dem *Föttazipfl* heftig die Nase.

Aber nicht nur zum Hertragen, auch zum Wegtragen war das *Fötta* unentbehrlich für Gemüseabfälle, getrocknete Eierschalen für die Hühner oder Brotreste für die Kälber.

Von einer Bäuerin, die kein Geschick zum Haushalten hatte, war man der Meinung, dass sie mit ihrem Führtuch mehr aus dem Haus hinausträgt, als wie ihr Mann mit dem Wagen wieder heimbringen kann.

Ein Bekannter erzählte mir, dass seine Mutter am Acker von der Geburt ihres dritten Kindes überrascht wurde. Auch da zeigte sich das *Fötta* sehr nützlich – die Mutter trug darin ihr Neugeborenes heim.

Immer wenn ich heute in Bedrängnis bin und in meinen Händen zu wenig Platz habe, wünsche ich mir sehnlichst so ein praktisches *Fötta,* wie meine Mutter eines hatte.

Fleisch- und Wassersuppen

Von Suppeneinlagen, vom Tagmahl und der Beterei

Als *„Foaferl"* wurden die Mädchen geschimpft, die viel, schnell und undeutlich sprachen. Neben Nudeln, Frittaten und Lungenstrudel waren die *Foaferln* und die Reibgersteln aber auch die häufigsten Suppeneinlagen.

Für die Farferlsuppe hat meine Mutter Weizenmehl mit den Eiern versprudelt und mit der Gabel zu einer krümeligen Masse gerührt. Dann hat sie die *Foarferln* in die abgeschmeckte Fleischsuppe eingekocht und kurz ziehen gelassen. Hatte die Mutter mehr Zeit, so knetete sie dieselben Zutaten zu einem sehr festen Nudelteig. Auf einem Reibeisen rieb sie dann den Teig zu feinen Reibgersteln.

Diese Suppeneinlage schmeckte mir besonders gut in einer Hühnersuppe, die es als köstliche Sonntagssuppe im Sommer gab, wenn die Schweinefleischvorräte verbraucht waren.

Die Suppen von gekochtem Frischfleisch, gleich ob aus Schweine-, Schaf- oder Hühnerfleisch, sättigten nachhaltig. Ebenso die Selchsuppen. In die Selchsuppe wurde auch gerne Rollgerste eingekocht, diese ließ sich angenehm kauen. Oft wurde in die Suppe einfach auch nur Schwarzbrot eingebrockt.

Frischfleisch gab es nur kurze Zeit nach dem Schlachten von Schweinen oder Schafen. Die Mutter kochte es meist, da dies auch eine kräftige Suppe ergab. Die Suppe wurde in einer großen Schüssel angerichtet und alle aßen daraus.

Die Fettschicht auf der Oberfläche verhinderte das Dampfen der Suppe, sodass sie nicht so heiß erschien, wie sie in Wirklichkeit war. So mancher Heißhungrige, der die Tücke der Suppe missachtete, verbrannte sich ordentlich die Zunge. Hatte der Betroffene den Schaden, so war ihm auch der Spott ganz sicher.

Falsche Suppen waren lediglich Wassersuppen mit etlichen Kräutern, die nur mit einem Löffel Schmalz angereichert wurden. Nahrhafter und abwechslungsreicher waren da schon die Einbrennsuppen, wie Schwammerl- und Gemüsesuppen. Sehr beliebt war im Sommer die Rahmsuppe.

Die Suppe durfte bei keinem Tagmahl fehlen. Tagmahl war immer Punkt zwölf. Wir kamen aber nicht von selber, sondern erst, nachdem meine Mutter zum *Doml* gerufen hatte. Von der unteren oder oberen Haustüre, je nachdem, von wo aus sie uns leichter erreichte, schrie sie mit der Lautstärke die Not tat, damit es die Gerufenen hörten: *„Doooml keeem!“* Sie wartete noch ab, bis ein *„Jooo“* zu vernehmen war, danach stand sie schon wieder am Herd und richtete die Suppe an.

Vor jeder Mahlzeit beteten wir den „Engel des Herrn“ und zusätzlich noch ein „Vaterunser“ und ein „Gegrüßet seist du Maria“ für die armen Seelen. Darauf folgte erst das eigentliche Tischgebet.

Was aufgesetzt wird auf den Tisch,
segne uns Herr Jesu Christ.
Sein Leib ist unsere Speis, sein Blut ist unser Trank.

Wir sagen Gott Lob und Dank.
Segne den Namen Jesu Christ,
der für uns am Kreuz gestorben ist.

Gebetet wurde bei uns im Dialekt und die Aussprache war sehr schlampig. Mitunter war dies so ein Kauderwelsch, dass ein Außenstehender den Inhalt nur vermuten konnte.

Von Haus zu Haus hörte sich die Beterei unterschiedlichst an. Einmal erging es mir auf einem entfernten Hof diesbezüglich sehr schlecht. Denn dort hörte sich das Gebet sehr sonderbar an. Ich wurde derart von einem Lachkrampf geplagt, diesen zu unterdrücken mir aber schließlich doch nicht gelang. Zum Glück haben es mir die Hausbewohner nicht übel genommen.

Wenn ich ehrlich bin, andächtig war ich beim Beten nicht. Aber aus heutiger Sicht war das Beten trotzdem richtig. Wir haben innegehalten und die Dankbarkeit dem Essen gegenüber zum Ausdruck gebracht. Die von der schweren Arbeit Erschöpften konnten dabei verschnaufen und das monotone Gebet beruhigte sie.

Schon etwas entspannt konnte nach dem Gebet mit dem Löffeln der Suppe begonnen werden. Hastig essen war nicht möglich, denn die Suppe in der Schüssel war bis zum letzten Rest heiß. Durch das langsame Essen wurden Blähungen vermieden und ein angenehmes Sättigungsgefühl war die Folge.

Gab es keine Kinderdirn, halfen die größeren Kinder mit, auf die kleinen Geschwister aufzupassen. Hier passt mein Neffe Walter auf seine kleine Schwester auf, um 1955.

Mehlsuppe

Von einem guten Schlaf

Nichts war gewisser als diese mehlklumpige Suppe *auf d' Nocht*. Nachdem wir beim Nachtmahl alle Reste vom Tagmahl aufgegessen hatten, brachte die Mutter eine Schüssel Mehlsuppe auf den Tisch.

Dieser Suppe wurde zugesprochen, dass sie im Magen ausgleichend und beruhigend wirkt und so für einen guten Schlaf sorgt.

War die Suppe zu dünn, lästerten die Männer, dass wieder der Esel das Wasser gebracht habe und die Maus das Mehl. War sie zu dick, wurde der Spruch einfach umgedreht.

Auch den Kranken brachte meine Mutter diese Suppe. Die Suppe löschte ausgezeichnet den Durst und war wegen ihrer Leichtigkeit sehr bekömmlich. Auch heute noch bringe ich mit dieser Suppe z. B. Verdauungsstörungen wieder in Ordnung.

Ebenso sicher folgte nach der Suppe das abendliche Gebet. „Vergelt's Gott für die Speisen" war der Dankspruch nach jedem Mahl. Darauf folgte ein „Vaterunser" und ein „Gegrüßet seist du Maria".

Nach dem Nachtmahl wurde die Andacht ordentlich ausgedehnt und wir schlossen in das Gebet noch die Hausverstorbenen mit ein. Wir dankten für alle Gaben, Gnaden und Wohltaten, baten um eine selige Sterbestunde und um ewiges Licht. Auch Bitte und Dank für aktuelle Anliegen wurden in dieses Gebet eingebracht.

Nach diesem für uns Kinder schier nie enden wollenden Gebeten kam es doch immer wieder zum erlösenden Ende mit dem „Ehre sei dem Vater ..."

Nach dem Nachtmahl im Sommer verkrochen wir uns vor Müdigkeit sofort ins Bett. *„Naini, bettaini"*, hieß es dann um neun Uhr für mich.

Im Winter blieben wir weiblichen Hausangehörigen auf der Stubenbank sitzen und strickten bei Petroleumschein bis zum Schlafengehen. Dabei sangen wir sehr viel oder erzählten einander Neuigkeiten.

Vor dem Schlafengehen zog jeder einen heißen Mauerziegel aus dem Ofenrohr, wickelte ihn in Zeitungspapier und verstaute ihn schnell am Fußende des Bettes unter der Decke. Wohlige Wärme stieg von den Füßen hoch und bacherlwarm wurde es im anfangs abschreckend kalten Bett. Anstelle von Matratzen schliefen wir auf Strohsäcken, die mit getrocknetem Maislaub gefüllt waren. Unsere Kopfpölster waren mit weichem Weizen- oder Haferspreu gefüllt. Die Bettwäsche war aus grober rupferner Leinwand.

Ich empfand es immer als seliges Glücksgefühl, wenn meine Mutter abends zu meinem Bett kam, die Decke gleichzog, mich mit einem Kreuzzeichen segnete und mir einen guten Schlaf wünschte. Nicht so fein wie ich hatten es hingegen meine größeren Brüder. Den Sommer über schliefen sie in der Kammer neben dem Stadel, im Winter im warmen Stall zwischen den Kühen auf einem Bettgestell. Meine beiden älteren Schwestern schliefen in der Stube. Mit meinen beiden anderen Schwestern teilte ich die Kammer. Nur meine Eltern hatten ein eigenes, wenn auch kleines Zimmer für sich.

Semmelsuppe

Vom Kinderkriegen, von der Hebamme, von der Taufe und vom Säugling

Die Semmelsuppe war die erste Nahrung für die Wöchnerin unmittelbar nach der Geburt. Blättrig oder würfelig geschnittene Semmeln, die in Fett goldgelb geröstet wurden, waren die Einlage für diese Wassersuppe, die nur mit etwas Salz, Liebstöckel und Muskatnuss gewürzt war. Semmeln kauften wir von einem Bäcker, der mit einer Holzkraxen unterwegs war, um seine Waren anzubieten.

Etwa bis zum Ende des Krieges war die Semmelsuppe für eine ganze Woche die einzige Kost für die junge Mutter. Der Volksglaube war, dass nur bei wenig Nahrungsaufnahme sich die weiblichen Organe gut zurückbilden können.

Viel Hunger haben die Bedauernswerten gelitten und beim ersten Aufstehen sind sie oft vor Schwäche zusammengebrochen. Nach und nach gelangten auch aufs Land neue Erkenntnisse. Die Wöchnerinnen bekamen dann leichte Kost und mussten auch nicht mehr streng die ganze Woche im Bett bleiben.

„Olli Joa zwoa Kinna, olli Joa zwoa Kinna, oans im Fruajoa oans im Winta. Und so samma und so blaib ma, is dos Lebm schen.“ Gerade so schön werden es die betroffenen Frauen nicht empfunden haben, jedes Jahr zwei Kinder zu gebären, wie es in diesem Spottlied heißt. Jedoch die meisten haben ihr Schicksal als gottgewollt geduldig und ergeben auf sich genommen.

Die Ursache des großen Kindersegens – für uns heute unverständlich – ist aber nicht verwunderlich, wenn ich bedenke, dass die Frauen überhaupt nicht aufgeklärt waren. Von der Kirche wurde gepredigt, dass Beischlaf nur für Eheleute und ausnahmslos nur zur Zeugung erlaubt sei.

Die ledigen Mütter hatten zusätzlich noch die psychische Not durchzustehen, denn ein uneheliches Kind galt als große Schande. Oft verleugnete sich der Kindsvater, von allen Ecken und Enden bekam die Frau dann zu spüren, wie „schlecht" sie sei. Von körperlicher Schonung konnte auch gar keine Rede sein. Kleinbäuerinnen und Keuschlerinnen waren in diesem Punkt gleich arm dran. Ein große Bäuerin hatte Mägde und auch eine Kinderdirn, der ging es besser. Meine Mutter hatte zwar keine Mägde, ihr halfen jedoch die größeren Kinder, um auf die Kleinen aufzupassen. So musste meine um dreizehn Jahre ältere Schwester Mitzi für mich und meine Schwester Tilde die Kinderdirn sein. Tagaus, tagein nur Kinder hüten zu müssen war für sie zermürbend.

Kaum ein Mann konnte melken, denn melken war Frauenarbeit. So ist es immer wieder vorgekommen, dass Frauen noch vom Wochenbett in den Stall getragen wurden, um die Kühe zu melken. Die Wertschätzung einer Frau war gering. Aussprüche von Männern wie *„Mai Olte rumplt glai zom"* – was so viel bedeutet wie „meine Frau kommt bald nieder" – sprechen für sich. Auch war die Meinung vertreten, dass ein daumenlanger Bub mehr wert sei als ein spannenlanges Mädchen.

Von wo wohl die kleinen Kinder herkommen, das hatte mir so ab dem zehnten Lebensjahr viel Kopfzerbrechen bereitet. Was ich von den Erwachsenen diesbezüglich zu hören bekam, und zwar, dass die Hebamme das Kind vom „hohlen Stock“ herauszieht, konnte und wollte ich nicht glauben. Letztklassler klärten mich notdürftig auf dem Schulweg auf.

Tuschelten meine älteren Geschwister über dieses heikle, verbotene Thema und wollte ich dabei meine Ohren spitzen, so zischte sicher jemand dazwischen: *„Stü, sant Bloaßfuaßate do.“* Und die Unterhaltung wurde damit prompt abgebrochen. Minderjährige galten allgemein als „bloßfüßige Leute“.

Nichtsdestotrotz machte es manchem Mannsbild derart Spaß, unverhalten, auf schmutzigste, frauenfeindlichste Weise über die Sexualität Späße zu machen. Diesem „Sauglocken läuten“, so wurde das garstige Reden genannt, hörte ich teils mit Neugierde aber größtenteils mit eingefleischtem schlechten Gewissen zu. Andererseits war auch etwas Genugtuung dabei, einmal nicht als *bloaßfuaßat* gehalten zu werden.

Meine älteren Geschwister haben mir immer wieder von den Schwangerschaften und den Geburten meiner Mutter erzählt. Neun Kinder brachte meine Mutter zu Welt. Ein Bruder starb nicht ganz zwei Jahre alt an Keuchhusten. Auch eine Fehlgeburt musste meine Mutter hinnehmen. Nie beklagte sich meine Mutter über Wehen oder Anstrengungen, die sie für uns erleiden musste. Lediglich von den schlimmen Nachwehen, die von Kind zu Kind immer ärger wurden, erzählte sie oft.

Als ich auf die Welt kam, wurde die Schwab Miatzl, die Hebamme, gerufen, um meiner Mutter beim Entbinden zu helfen. Meine Mutter hatte aber Wichtigeres zu tun und musste noch die Schweine füttern. Abends gingen alle wie gewohnt schlafen und am nächsten Morgen war ich einfach da!

Weil ich im April geboren wurde, haben mich meine größeren Geschwister gehänselt, dass ich genau, wenn es Zeit zum Mistführen wird, ein Jahr alt werde: *„Zan Mistfian wiast jari."* Geburtstage haben wir keine gefeiert, lediglich an unserem Namenstag gab es ein kleines Gedenken.

Entlohnt wurde die Hebamme von den Bauern oft mit Naturalien. Mein Vater z. B. brachte der Hebamme für eine Geburt zwei Klafter Holz, das sind fast vier Raummeter. Manche Leute waren zu arm, um sich eine Hebamme leisten zu können.

Auf die dringende Bitte ihres Pfarrers hin, ließ sich Frau Beter aus Glashütten von 1942 bis 1943 unter großen Entbehrungen in Graz zur Hebamme ausbilden. Sie hatte damals schon eine eigene Familie mit zwei kleinen Kindern und litt daher sehr an Heimweh, da sie nur zu allen heiligen Zeiten nach Hause konnte. Als Hebamme war sie dann für viele Frauen im Koralpengebiet ein großer Segen.

Durch einen Zufall lernte ich Frau Hainzl, eine Hebamme aus St. Andrä im Sausal, kennen. Sie erzählte mir berührende Geschichten von ihrer Hebammentätigkeit. Diese verantwortungsvolle Aufgabe hat sie 1943 begonnen. Fast zu jeder Gebärenden hatte sie schon während der Schwangerschaft Kontakt. Daher konnte sie sich schon ein Bild von der körperlichen und psychischen Verfassung

Die Hebamme Maria Schwab half meiner Mutter beim Entbinden, um 1940.

machen und auch ungefähr den Geburtstermin ermitteln. Immer war sie bereit zum Aufbruch. Kam der Bote, marschierte sie sofort mit, oft sehr weit, zwei bis drei Stunden lang. Ihre Gedanken waren unterdessen schon bei der Niederkommenden. Manchmal kam sie auch zu spät. Dann versorgte sie raschest Kind und Mutter.

Viel öfter traf sie die Gebärende aber noch bei der alltäglichen Arbeit am Herd oder am Waschtrog an. Erst durch die Ermahnung der Hebamme begab sich die Frau ins Bett. Bei zugigen Keuschen verstopfte sie mit Lumpen und Papier die Ritzen, heizte ein, damit es ein bisschen warm war. Einmal musste sie dazu trockenes Holz vom Nachbarn holen.

Die größte Sorge war, dass nach der Geburt rasch die Nachgeburt ausgestoßen wird und es ja zu keinem Blutsturz kommt. Bei solchen Vorfällen versuchte sie es mit kalten Essigwickeln, hatte aber zum Glück schon Spritzen dabei, um in kritischen Situationen das Leben der Frau zu retten.

Nach der Geburt hat sie Mutter und Kind gewaschen und den Nabel des Kindes desinfiziert. Danach kochte sie für die Wöchnerin leichte Kost. Auch in den nächsten Tagen kümmerte sie sich noch um die junge Mutter.

Aus Angst vor einem plötzlichen Kindstod trachtete man das Kind so schnell wie möglich taufen zu lassen. Die junge Mutter war noch im Wochenbett, da trug die Hebamme, von der Patin begleitet, das Neugeborene zur Taufe in die Kirche. Der Pfarrer stellte dann den Taufschein aus, in dem auch der Name der Hebamme vermerkt wurde. Die erstgeborenen Kinder bekamen meist die Vornamen ihrer Eltern. Die weiteren erhielten den Namen von Heiligen, die unmittelbar nach der Geburt des Kindes im Kalender standen.

Heimzu trug die Patin das Kind. Nur für Hebamme und Taufpatin gab es eine Taufjause. Ab und zu wurde sogar ein Backhendl aufgetischt. Für dieses Festessen hatte die Bäuerin schon seit Beginn der Schwangerschaft vorgesorgt. Sie hat eine Bruthenne angesetzt, Küken großgezogen und Hähne gemästet.

Normalerweise stillten die Mütter ihre Kinder bis zu einem Jahr und noch länger. Die Kleinkinder wurden ab einem drei viertel Jahr ins Tischgeschehen eingegliedert

Gebackenes Schnitzel oder Backhendl zur Taufjause war noch viele Jahrzehnte üblich und kennt man auch heute noch als traditionelles Taufgericht. Taufessen meiner Nichte Maria, 1965.

und da mit passenden Brocken *gampat.* War es aber einer jungen Mutter nicht möglich ihr Kind zu stillen, z. B. bei Brustgeschwüren, Hohlwarzen oder war sie gar an Tuberkulose erkrankt, so bekamen die Säuglinge zwei Drittel Kuhmilch mit Wasser vermengt mit der Flasche eingeflößt. Zur besseren Stärkung erhielten sie schon ab der sechsten Lebenswoche gelinderten Milchbrei. Beim Lindern wurde das Weißmehl in einer Rein gebräunt. Dadurch wurde es leichter verdaulich und deshalb für Säuglinge besser bekömmlich. Auch an Durchfall erkrankte Kinder heilte ein solcher Mehlbrei. Gegen Durst und Blähungen wurden Kamillen- und Fencheltee eingeflößt. Nicht aus wissenschaftlichen Erkenntnissen wurde das gemacht, sondern rein aus Erfahrungswerten.

Windeln durften nicht im Mondlicht hängen, viele Frauen glaubten, die Säuglinge bekämen davon einen grünen Stuhl. Als Windeln verwendeten wir Flanelltücher und noch Brauchbares von ausgedienten Herrenhemden.

Die Händchen straff am Körper, so wurde ich noch ein halbes Jahr lang mit einer handbreiten, gestrickten Fatschen zu einem Bündel gewickelt. Davon sollten, so war die allgemeine Meinung, die Kinder gerade Glieder bekommen. Stolz erzählte mein Vater immer wieder, dass er seine geraden Glieder nur dem einjährigen Fatschen verdanke.

Auch eine Gehschule war bei uns in der Stube angebracht. Das war eine drehbare Stange, die in der Stubenmitte senkrecht stand und am Boden und an der Decke verankert war. In der Brusthöhe des Kleinkindes war daran ein geschlossener Bogen angebracht. Darin wurden die Kinder gesteckt, die so das Gehen erlernen sollten.

Rechts: In großen Holzfässern wird auch heute noch unser Most im Keller gelagert.

Die durstige Seele

Mein Enkel Martin probiert einen kleinen Schluck aus dem Mostkrug. In meiner Kindheit war Most unser Haustrunk. Wir Kinder durften ihn in Maßen nur verdünnt mit Wasser trinken.

Most

Vom Haustrunk und vom Mostpressen

Unser Haustrunk war Apfel- und Birnenmost. Davon waren in meiner Kindheit etwa zehn Holm in Fässern von unterschiedlichsten Größen im Keller gelagert. Ein Holm ist ein altes Gebindemaß und fasst etwa dreihundert Liter. Am Hof, auf den ich eingeheiratet habe, wurden in den dreißiger Jahren bis zu hundert Holm Most gemacht.

Auch wir Kinder durften in Maßen gewässerten Most trinken. Meine Mutter vertrat nämlich die Meinung, dass Wasser weder im Schuh noch im Magen gut tut. Sie glaubte, dass Wasser zu fetten Speisen getrunken sogar krank mache.

Immer lästig war mir als Kind die Aufforderung der Erwachsenen, Most holen zu gehen. Als Jüngste war damit natürlich ich gemeint. Mein sehnlichster Wunsch war daher zum Tischwinkel eine „Mostleitung", um mir den langen, finsteren Weg in den Keller zu ersparen.

Auch beim Trinken gab es eine strenge Ordnung, nämlich reihum im Uhrzeigersinn. Niemand durfte nach dem Krug langen, bevor dieser nicht vor ihm stand. Aus oberstem Reinlichkeitsprinzip wischte jeder nach dem Trinken mit dem Daumenballen die Mundstelle am Krug ab.

War der Krug von einem sehr Durstigen noch weit entfernt, so forderte dieser auf: *„Gib an Kruag a Watschn!"*, womit so viel wie „Trink schleunigst und gib den Krug weiter!" gemeint war.

„Söl duk di, hiaz kimmt a Blotschregn", hörte ich einmal einen trinkfreudigen Witzbold sagen, als er den Mostkrug in die Hand nahm, um seine Seele vor einem „Most-Wolkenbruch" zu warnen.

Im Sommer bevorzugten wir den Apfelmost, da in der Hitze die Beine vom Birnenmost durch den höheren Alkoholgehalt noch schwerer wurden.

Bei unbarmherziger Hitze fiel das Schlucken von trockenem Brot schwer. So tunkten wir es in gezuckerten und gewässerten Most. Aufgeweicht schlüpfte es leichter durch die Gurgel. Ein angenehmes Schwipserl war die Folge und die Arbeit ging wieder flott von der Hand.

Als Kind hatte ich dauernd übermäßigen Durst. Selten gelang es mir, diesen nach Herzenslust mit Most zu stillen. Ständig war jemand zugegen, um mich dabei einzubremsen. *„He, des is jo koa Bochwossa!"*, oder *„Du saufst jo wia a Louch!"* bekam ich zu hören. Für meine durstige Seele hatte niemand Verständnis.

Im Spätherbst klaubten wir die Birnen und Äpfel für den Most. Oft war es dabei schon bitterkalt und nass, manchmal lag sogar schon Schnee. Mit der Kraxen trugen die Brüder das Obst zur Presse und leerten es in einen großen Holzbehälter über der Obstmühle. Angetrieben wurde die Mühle, wenn Treibstoff vorhanden war, von einem Benzinmotor, sonst von der Kraft meiner starken Brüder.

Meine Schwester Tilde und ich durften langsam und gleichmäßig das Obst in die Mühle lassen. Diese Arbeit taten wir sehr gerne.

Mit einer Holzschaufel wurde das Mahlgut in das Mostkandel, ein viereckiger Behälter aus Latten, befördert. Durch das Pressen mit dem schweren Pressbaum rann der Most durch die Fugen. Der Mahl- und Pressvorgang geschah im *Kho*, einer wasserdichten Holzwanne mit etwa vier mal vier Metern Grundfläche und mit einem halben Meter hohen Rand. In einer Ecke war der Abfluss, durch den der Most in einen Bottich in den Keller rann. Von dort wurde der Saft mit einem Holzschaffel und mit Hilfe eines Holztrichters in das Fass gefüllt.

Großer Wert wurde dabei auf die Reinheit der Fässer gelegt, damit der Most ja keinen Fassgeruch bekam. Daher musste sich eines von uns kleineren Kindern halb nackt durch das Fasstürl zwängen, um es innen gründlich mit Sodalauge auszureiben.

Obwohl unser Vater langsam und sehr vorsichtig das Fass drehte, damit alle Stellen beim Schrubben zu erreichen waren, wurde ich die Angstvorstellung nicht los, dass das Fass mit mir, wie im Märchen mit der bösen Stiefmutter, in den Abgrund kollert. So war ich jedes Mal sehr erleichtert, wenn ich wieder aus dem Fass heraus an die frische Luft durfte.

Der Most hatte damals als Volksgetränk den gleichen Stellenwert wie heute das Bier. Er wurde auch in Gasthäusern ausgeschenkt. So holte der Hüttenwirt aus Glashütten, solange ich mich erinnern kann, schon mit einem Jeep, auf den er ein großes Fass geladen hatte, den Most bei uns ab. Mit kleinen Gebinden trugen unsere übrigen Mostkunden ihr Getränk heim. Nach und nach tauchten auch schon Glasflaschen mit Patentverschluss auf, auf die die Besitzer sehr stolz waren. Jeder Käufer bekam den Most vorher zu kosten. Geschmack, Farbe und Alkoholgehalt wurden in Glaskrügerln getestet. Ein Liter Most kostete damals zwischen einen Schilling dreißig und zwei Schilling. Der Erlös aus dem Mostverkauf war wichtiges Brauchgeld für kleinere Anschaffungen wie Nägel, Werkzeug oder Viehsalz.

Mosthändler vertrieben den Most per Eisenbahn auch in die Industriezentren der Obersteiermark.

Schnaps

Vom verdorbenen Magen und vom Schnapsbrennen

„Jubaidi und jubaida, Schnops is guat fia Collara, jubaidi und jubaida und fias Bauchwea a."

Unentbehrlich am Hof war der Schnaps etwa für eine gute Verdauung und auch zur Abhilfe bei einem verdorbenen Magen.

Ebenfalls war ein Stamperl willkommen zum Zuprosten eines lieben oder unerwarteten Besuches, zur Stärkung nach totaler Erschöpfung und zum Muntermachen, im Tee zum Aufwärmen im frostigen Winter und zur Grippevorbeugung.

Ein besonderes Hausmittel war der Arnikaschnaps, mit dem wir jede größere oder kleinere blutende Wunde bei Mensch und Tier desinfizierten. Blüten und Blätter von den leuchtend gelben Blumen haben wir auf der Bürstlingwiese gesammelt, dann getrocknet und in hochprozentigen Schnaps angesetzt. Auch die zerkratzten und zerschundenen Beine und Arme nach dem Getreideschnitt und der Heuernte heilte der Arnikaschnaps raschest über Nacht. Am nächsten Tag mussten die verheilten Gliedmaßen jedoch erneut der Pein standhalten.

Bitteren Wermut- und Enzianschnaps schluckten Kamillenteeverschmäher bei jeder Art von Bauchweh. In Panik griff man sogar zur Schnapsflasche, um ohnmächtig Gewordene wieder zu Bewusstsein zu bringen.

Unseren Schnaps brannten wir ausschließlich nur im Winter, daher spottete die nichtbäuerliche Bevölkerung, dass die Bauern im Winter nichts anders tun würden als Schnaps brennen und Sau abstechen.

Gebrannt haben wir Birnenmaische von überreifen, kernweichen, picksüßen Mostbirnen. Tag und Nacht hantierte mein Vater, wenn die Schnapsbrennzeit begann, beim Brennkessel. Vom Finanzamt waren Maisch- und Schnapsmenge und auch die Brennzeit genauestens vorgeschrieben. Die Kontrollen waren sehr streng. Auch in der Nacht tauchten die Finanzbeamten plötzlich auf. Trotzdem konnte kein Bauer das Schwindeln lassen.

Mit Schnee kühlten wir die Kupferspiralen, in denen sich der Alkoholdampf zu Schnaps verflüssigte. Aus dem Röhrl rannte ein halmdicker Strahl des glasklaren Schnapses. In schönen bruchsicheren Glasflaschen mit Korbgeflecht wurde das kostbare Nass in passenden Holzverschlägen im Keller des Hauses gelagert.

Bei uns war das Schnapsbrennen immer ein gesellschaftliches Ereignis. Nachbarn kamen, um den „Geist“ gleich zu verkosten. Nicht nur vom fleißigen Probieren, sondern auch vom Alkoholdunst, der sich im Brennraum verbreitete, wurden die Helfer beschwipst. Spätestens an der frischen Luft wurde es den Heimkehrern bewusst, dass sie doch etwas zu viel Alkohol intus hatten.

Wein

Von unserem Pfarrer

Wein wurde bei uns nur selten getrunken. Auch mein Vater gönnte sich nur ab und zu einen solchen edlen Tropfen. Aufgrund der Höhenlage wurde in unserer nächsten Umgebung auch kein Wein angebaut.

Ein Weingarten in Burgegg in Deutschlandsberg gehörte zu den Pfarrpfründen unseres Pfarrers. Bei der Schilcherlese im Oktober halfen immer zwei erwachsene Geschwister von mir auf diesem etwa ein Joch großen Weinberg mit.

Als Anerkennung für ihre Arbeit bekamen meine Geschwister vor Weihnachten je einen Liter Leserwein. So war der begehrte Weintee am Heiligen Abend gesichert. In den heißen und gezuckerten russischen Tee wurden einige Schluck vom säuerlichen Schilcher gegeben. Sogar wir Kinder durften ein wenig davon trinken.

Einmal, ich war erst sechs oder sieben Jahre alt, lag ich am Heiligen Abend mit hohem Fieber im Stubenbett. Als gerade niemand in der Stube war, hüpfte ich aus dem Bett und langte mit einem Schöpfer in den Topf mit dem fertig abgeschmeckten Weintee. Gierig leerte ich zwei Schöpfer. Daraufhin schlief ich so gut ein, dass ich von all den Geschehnissen am Abend nichts mehr mitbekam. Erst als meine Mutter nach dem Mettengang nach mir schaute, wurde ich wach. Sie gab mir ein kleines Päckchen mit zwei wunderschön verzierten Taschentüchern.

Die Freude am Geschenk und der Tee, der den wohligen Schlaf bewirkte, machten es, dass ich mich überhaupt nicht mehr krank fühlte.

Unser Pfarrer Kropf war weitgehend Selbstversorger. Neben den Weinbergen in Deutschlandsberg bewirtschaftete er einen Grund rund um den Pfarrhof in Trahütten. In seinem Stall standen zwei Kühe, zwei Schweine und außerdem hatte er etliche Hühner. Mit seiner Köchin und seiner Magd bewirtschaftete er mit Freude seinen Hof. Anna, die Magd, spielte außerdem die Orgel und war obendrein in unserer Schule die Handarbeitslehrerin.

Pfarrer Kropf war auch ein sehr guter Prediger. Bei den Pfarrfesten in den Nachbargemeinden wurde er daher als Festprediger eingeladen und hatte dadurch einen großen Bekanntheitsgrad. Beim Einstudieren sah ich ihn öfters in seinem großen Feld laut sprechend hin und her marschieren.

Im Religionsunterricht lernten wir Schüler damals noch den Katechismus auswendig. Bei der Schulbeichte vierteljährlich dachte ich mir immer krampfhaft irgendwelche Sünden aus, nur um dem Pfarrer etwas beichten zu können.

Alles in allem ist mir unser Pfarrer Kropf in sehr guter, angenehmer Erinnerung geblieben. Später hat er noch viele Jahre als Dechant für unseren Bezirk gewirkt.

Tee

Vom Kranksein und vom Versehen

Beim Verabschieden blieb kaum ein *„Pfiat di Gout!"*, was so viel bedeutet wie „Behüte dich Gott" ohne den guten Wunsch, der andere möge gesund bleiben. Und Zyniker ergänzten dazu noch: *„Oft zohl i an Doukta!"*

Große Angst hatten die Leute vorm Bezahlen des Doktors. Bargeld war wenig oder überhaupt nicht vorhanden, Krankenversicherungen für Bauern gab es erst in den späten fünfziger Jahren. Die Pflege von Kranken war hauptsächlich Frauenangelegenheit. Groß geschrieben war allerdings die Nachbarschaftshilfe. Die Pflegerinnen boten all ihr Können auf, vermochten sie aber trotzdem nicht zu helfen, so fügte man sich demütig dem Schicksal. Der Tod war in das Leben mit einbezogen und eingeplant.

Sehr gefürchtet war die Lungenentzündung. Daran starben oft starke Männer im besten Alter. Durch Unterernährung erkrankten viele an Tuberkulose. Diese Patienten versprachen sich vom Einnehmen ranzigen Schmalzes und vom Hundefett Heilung. Der Keuchhusten war für Kleinkinder lebensbedrohlich. Einer meiner Brüder starb an dieser furchtbaren Krankheit im Kindesalter. Ich war sehr froh, als es bei meinen Kindern schon Schutzimpfungen gab.

Bei langwierigen Leiden wurden Volksheiler aufgesucht, die Krankheiten durch Beobachtung des Urins feststellen konnten und sich sehr gut mit Salben und Tees auskannten. In meiner frühen Kindheit nach dem Krieg wurde in bedrohlichen Fällen schon der Arzt geholt.

In der Landbevölkerung waren die heutigen Zivilisationskrankheiten wie Gicht und Zuckerkrankheit unbekannt. Nur Bäcker und Fleischhauer hatten solche Leiden.

Mutters Hausmittel gegen Fieber waren Essigwickel, schweißtreibender Lindenblütentee und die Krenbeten um den Hals. Den blättrig geschnittenen Kren hat meine Mutter auf eine Schnur gefädelt und dem Fiebernden als Halskette umgebunden.

Lindenblütentee tranken wir im Winter manchmal auch, wenn wir nicht krank waren. Gezuckert und mit ein paar Tropfen Hollersaft schmeckte der heiße Tee gar nicht so schlecht. Gleich neben dem Haus stand als Blitzableiter ein alter Lindenblütenbaum. Im Frühjahr haben meine Brüder einige Äste davon abgeschnitten, damit wir die Blüten sammeln und später trocknen konnten.

Neben dem Lindenblütentee gab meine Mutter den Kranken auch roten Hollersaft, Preiselbeerwasser oder Kräutertee mit Himbeersaft. Maiwipfelsirup, ein Sirup aus den gelben Fichtenzipfeln im Mai, und Eibischtee dienten zur Hustenlinderung. Einreibungen mit Leinöl und Hirschtalg brachten Linderung bei Bronchialerkrankungen. Gegen Bauchweh und Krämpfe verabreichte sie Kamillen- und Fencheltee, machte Bauchmassagen mit Leinöl und warme Wickel.

Bei Durchfall verabreichte meine Mutter russischen Tee, Tee aus getrockneten Schwarzbeeren und Einbrennsuppe. Geschwüre und Abszesse behandelte sie mit Pechöl, Terpentinöl und gestampftem Leinsamen. Bei Verstauchungen sollten Wickel mit Urin die Schmerzen lindern. Gegen Zahn- und Ischiasschmerzen half der im Ofenrohr warm gemachte Heublumensack. Entzündete Augen

Altbewährte Heilkräuter:
Augentrost, Ringelblumen, Eibisch, Malve, Johanniskraut, „Krenbeten“
und Arnikaschnaps

wusch sie mit Augentrosttee. Schafgarbenblätter sammelten wir zur Blutstillung. Mit Arnikaschnaps desinfizierten wir kleinere und größere blutende Wunden bei Mensch und Tier.

Hatte einer von uns die Grippe, waren Palatschinken mit Preiselbeermarmelade ein typisches Krankenessen. Für Genesende gab es eine weitere Köstlichkeit, den Weinchateau. Diese stärkende Speise, bei der Weißwein, Zucker und ein Ei im kochenden Wasserbad schaumig gequirlt wurde, bekam der Kranke am Vormittag als Aufbaukost.

Schneller als ein Arzt wurde der Pfarrer zum Versehen geholt. Ein Bote vom Hof des Erkrankten wurde zum Pfarrer geschickt. Dieser kam sofort mit, nachdem er sich in der Sakristei den weißen Chorrock mit dem breiten Spitzensaum über den Talar gezogen und das Allerheiligste aus dem Tabernakel geholt hatte. Auf dem Kopf trug er den Priesterhut.

Kam uns der Pfarrer am Schulweg entgegen, so knieten wir ehrfürchtig am Straßenrand nieder. Der Pfarrer segnete uns und der Bote läutete dabei mit der Schellenglocke. Eilig hatte ich es, zu Hause von dieser Begegnung zu erzählen, denn nach dem Boten konnten wir schließen, in welches Haus der Pfarrer unterwegs war.

Ein Nachbar erzählte uns einmal von einem sterbenden Knecht, zu dem der Pfarrer gerufen wurde. Da der Knecht es nicht gewöhnt war, dem Pfarrer direkt in die Augen zu schauen, verlangte er nach einem Reiter. Dieser wurde als Beichtgitter zwischen ihm und dem Pfarrer gestellt. Erst so konnte der Knecht seine Sünden bekennen.

Mein Vater erkrankte in den fünfziger Jahren an einer Lungenentzündung. Am Nachmittag kam der Pfarrer zum Versehen. Die Mutter deckte ein Tischlein mit einem blütenweißen Tuch, stellte Kreuz und Kerzenständer mit den Lichtmesskerzen auf, dazu noch ein Glas Weihwasser mit einem grünen Zweig darin und etwas Watte für die Krankensalbung.

Am Abend kam auch noch der Arzt aus Deutschlandsberg mit dem Motorrad angefahren. Die Penizillinspritze bannte zum Glück die Gefahr.

Meinen Brüdern imponierte das Motorrad des Arztes und besonders seine schneidige Fahrweise.

Als Kind war ich selber oft schwer krank. Keine ansteckende Kinderkrankheit gab es, von der ich verschont geblieben wäre. Aber besonders schlimm waren die jäh auftretenden Fieberschübe. Meine Mutter zweifelte manchmal an meinem Überleben. Einmal war es besonders kritisch und sie schickte jemanden, der Frau Halm zur Hilfe holte. Frau Halm wusste bei vielen Krankheiten einen Rat, und so tat sie gemeinsam mit meiner Mutter ihr Bestes, um mich wieder gesund zu kriegen.

Essigpatschen bekam ich an einem Fuß und an einer Hand, kratzende Krenbeten um den Hals, kühlende Lappen auf die glühende Stirn, Brust und Rücken wurden mit Leinöl eingeschmiert. Ein kleines, in der Apotheke gekauftes Fläschchen mit Gofferbranntwein oder Hirschengeist hielt mir meine Mutter vor die Nase und der scharfe Geruch erleichterte mir das Atmen. Arme und Beine massierte sie immer wieder mit demselben Geist, um meinen Kreislauf anzukurbeln. All dies wollte das Fieber nicht senken, darum wurde, so erzählte mir meine Schwester später, eine steife Masse aus Alaunstein und Eiklar auf Schläfen und Pulsadern gestrichen. Löffelweise bekam ich Rote-Rüben-Saft eingeflößt und die vom Fieber aufgesprungenen Lippen bestrich meine Mutter liebevoll mit Rahm.

In meinem Delirium tanzte am Plafond unentwegt ein surrender Kreisel. Das besorgte Murmeln der Frauen, wenn mein Zustand ganz ernst war, habe ich heute noch im Ohr.

Vom Arzt brachte mir meine Schwester Luisi eine Medizin, die mir rasch Besserung brachte. Etliche Tage musste ich noch das Bett hüten. Stunde für Stunde wurde es heißer unter der Decke und ich wendete unentwegt das Bettzeug, um mir vorübergehend etwas Abkühlung zu verschaffen. Auch Langeweile plagte mich sehr. In der Früh weckte mich arger Durst und ich lauschte mucksmäuschenstill und angespannt. Hörte ich ein Türknarren, war dies ein erlösendes Geräusch. Schnell machte meine Mutter im Herd Feuer und wärmte für mich einen Trank, von dem ich gierig ein ganzes Häferl in einem Zug leerte.

Endlich, als ich nicht mehr fieberte und erholsamer, ruhiger Schlaf mich sogar tagsüber die meiste Zeit selig schlummern ließ, stellte meine Mutter erleichtert fest, dass ich langsam wieder gesund werde: *„Hiaz wiad's wieda."*

War vom Kranksein die Rede, behauptete mancher scherzhaft, dass es viel besser sei reich und gesund zu sein als arm und krank, oder dass selbst die beste Krankheit nichts wert sei.

Daran ist auch heute noch was Wahres dran, auch wenn sich seit meiner Kindheit viel im Gesundheitswesen getan hat.

Kaffee

Vom Kaffeesieden und vom Kartenspielen

Für den Gerstenkaffee röstete meine Mutter immer sehr umsichtig die sauber geputzte Gerste dunkelbraun. Davon bekam die Gerste einen malzigen Geschmack.

Geduldig mahlte ich mit der alten Kaffeemühle Lade um Lade voll und leerte dann das Gerstenpulver in den braunen Kaffeehäfen.

Zwei Würfel Frank, von dem der Kaffee eine dunkle Farbe und einen volleren Geschmack bekam, bröselte meine Mutter ebenfalls in den Häfen. Frank-Feigenkaffee war immer im Haus, in einer roten buchförmigen Schachtel mit schwarzer Aufschrift.

Sonntags, wenn der Pfarrer und der Nachbar da waren, um mit meinem Vater Karten zu spielen, wurde noch eine Hand voll echte Kaffeebohnen dazu gemahlen. Diese Rarität brachte Mutters Freundin, Tante Milla, in einer zierlichen Dose aus Graz mit. Schon während des Mahlens breitete sich in der Stube ein exotischer Duft aus. Der Kaffee durfte nur ziehen. Auf der Oberfläche bildete sich ein Schaum mit allen Schattierungen von Braun. Damit sich der Kaffeesud setzte, schreckte die Mutter mit einem Schöpfer kaltem Wasser den Kaffee ab. Mit dem Quirl, den mein Vater aus dem geschälten Wipfel des abgeräumten Christbaumes gemacht hatte, schäumte meine Schwester heiße Milch auf.

Die drei Männer, gute, leidenschaftliche Kartenspieler, waren immer ganz vertieft in ihrem Preferencespiel und

DEPOSE

pafften nebenbei unaufhörlich dicke Zigarren. Das gute Aroma des frisch gekochten Bohnenkaffees verdrängte nur für eine kurze Zeit den Zigarrenqualm.

An Vaters Seite verfolgte ich immer gespannt das Kartenspiel. Beinhart feilschten dabei die Männer, bei jedem Spiel wechselte mehr oder weniger Geld den Besitzer. Verspielte der Pfarrer, so schimpfte er in seinem oststeirischen Dialekt und sein Kopf wurde hochrot vor Erregung.

Mutter und Schwester brachten den Kaffee mit dem hübschen Schaumhut und dem Tegelbrot zu Tisch. Die Männer aber schlürften den köstlichen Kaffee immer nur so nebenbei, das Tegelbrot *pompftn* sie dazu. Lob und Dank bekamen die Frauen nie für die gute Kaffeejause, denn die Männer hatten immer nur das Kartenspiel im Kopf.

Links:
Alte Kaffeemühle zum Mahlen des Gerstenkaffees.

Anna, Johannes und Sebastian backen, so wie ich als Kind,
gerne den „Blumensandkuchen".

Backe, backe Kuchen

Blüten und Beeren wusste meine Mutter gut kulinarisch zu nutzen. Hollerstrauben z. B. sind auch heute noch als Nachspeise bei meiner Familie gerne gesehen.

Aus den Preiselbeeren wurde Marmelade gemacht.

Boggerln

Von Beeren und Blüten und den Schimpfwörtern

Rasch und ohne Aufwand war ein *Boggerl* gebacken. Ein *Boggerl* ist eigentlich ein dicker Schmarrnteig. Milch, Eier und Mehl werden versprudelt und in eine Rein mit zerlassenem Fett fingerdick eingefüllt und dann bei guter Hitze im Rohr gebacken. Mit den selbst gepflückten Schwarzbeeren aus unserem Wald und mit Zucker und Zimt bestreut hat meine Mutter oft das köstliche *Schwoazbeerboggerl* gebacken.

Eine Bäuerin, die übertrieben oft *Boggerln* als Nachspeise auf den Tisch brachte, wurde zur *Boggerlbairin* abgestempelt.

Ein *Waiwaz*, in meiner Kindheit noch alleinige Benennung einer Frau, die faul und bequem war, war ein faules *Boggerl*. Ein Weib, das noch dazu vom Faulsein übertrieben dick war, war ein dickes *Boggerl*.

Bei der Verteilung von zünftigen, ordinären Spott- und Schimpfnamen war man überhaupt nicht zimperlich. *Doudl, Tepp, Off, Ludl, Gougga* waren die gebräuchlichsten Namen für die Männer. Frauen wurden als *Dreapm, Luada* oder *schberi Henn* geschimpft.

Dass das *Boggerl* so zu Unrecht entwertet wurde, beweisen die Tegelkrapfen. Fast jede Bäuerin hatte in ihrem Hausrat eine große Tegelkrapfenform mit bis zu zwanzig Krapfenmodeln. In jede Form wurde eine Messerspitze Butter gegeben und der *Boggerldoag* fingerdick eingefüllt und bei

Zu unseren eigenen Früchten zählten unter anderem Äpfel, Birnen und Zwetschken.

Strudel

Von unserem Obst

Von all den verschiedenen Strudeln schmeckte mir der mit den schwarzen Kirschen gefüllte am besten. Unser erstes Obst im Sommer waren saftige schwarze Kirschen, die gerade zu Ferienbeginn reif wurden. Weil ich ein großer *Trauminet* war und mich daher auf keinen Baum zu klettern traute, war ich immer von der Gunst anderer abhängig um an die süßen Früchte zu gelangen.

Als ich noch kleiner war und noch nicht zur Schule musste, war ich ständig Mutters Küchengehilfin. Das Ende der Stubenbank war meine Arbeitsfläche. Auf einem kleinen Nudelbrett walkte ich Nudeln aus, füllte Wuchteln, radelte Strauben vom lockeren Germteig und stach mit Modeln Kekse aus. Auch den geschmeidigen Strudelteig für den geliebten Kirschenstrudel zog ich darauf aus. Meiner Mutter gleich bestreute ich den Teig mit in Butter gerösteten Bröseln. Gefüllt mit schwarzen Kirschen und mit Zucker sowie Zimt bestreut wurde der Teig eingerollt. In einer kleinen und gut befetteten Rein wurde er dann zum Backen ins Ofenrohr geschoben.

Nach den Kirschen waren ein paar Wochen später auch schon die kleinen gelben *Kriacherln*, eine Pflaumenart, reif. Dass diese von selber vom Baum fielen, war für mich ein großer Vorteil. Zwei kümmerliche Zwetschkenbäume sicherten uns doch ein paar Mal im Herbst Zwetschkenknödel, die meine Mutter mit einem Erdäpfelteig zubereitete.

Bei meiner Tante in unserem Dorf standen im Anger zwei Kläräpfelbäume. Ab Ende Juli bekamen wir reichlich davon geschenkt. Wir stillten den Gusto nach Äpfeln ausgiebig und ein Strudel mit diesen frischen Äpfeln schmeckte besonders gut. Wenn ich meiner Tante bei der Arbeit aushalf, machte sie aus diesen Äpfeln ein dickes Apfelmus. Die Apfelspalten hat sie in wenig Wasser mit einer Zimtrinde und Gewürznelken weich gedünstet und dann zerstampft. Apfelmus schmeckte mir übrigens hervorragend zum Kübelfleisch.

Etliche Äpfelbäume im Obstanger sicherten unseren Apfelbedarf. Reinetten und Schafnasen waren unsere Apfelsorten für den Herbst, Welscher-Brunner und Bohnäpfel deckten den Winterbedarf. Gelagert haben wir die Äpfel im dunklen erdigen Keller unter dem Wohnhaus. Unsere Apfelsorten waren robust, unempfindlich und daher gut haltbar. Sie waren aber so hart, dass ich die Äpfel mit den Zähnen eher herunterschaben als beißen konnte. Das ersetzte andererseits aber das Zähneputzen, welches wir in unserer Kindheit überhaupt nicht kannten.

Mohnbrot

Vom blühenden Mohnfeld und vom Mohnöl

In unserer Höhenlage gab es keine Nüsse mehr. Mohn war unsere einzige Potizenfülle. Diese Fülle aus Mohn, Honig, Zimt und Milch wurde in einen Germteig gefüllt und in einer befetteten Form im Ofenrohr gebacken.

Mohnbrot gab es neben den Krapfen an den hohen Feiertagen. Manchmal war auch im sonntäglichen Tegelbrot, unserem Gugelhupf, eine Mohnfülle zu finden.

Im Frühjahr, so bald wie möglich, wenn der Acker noch schön feucht war, säten wir ein paar Ar Mohn zur Ölgewinnung und für die Mehlspeisenküche. Den feinen Samen füllte meine Mutter dazu in ein kleines Fläschchen. In den Kork bohrte sie eine kleine Öffnung, aus der der Mohnsamen langsam in die Zeile herausrieseln konnte. Die Saat ging so gleichmäßig auf.

Langwierig war für die Frauen das Jäten und Läutern, das Vereinzelnen der Pflanzen, im Mai. Die Knie waren davon wund und der Rücken schmerzte.

Prächtig, aber leider nur von kurzer Dauer war unser blühendes Mohnfeld. Und die Bienen hatten es dabei immer eilig! Fielen die Blütenblätter ab, standen schon die grünen Mohnkapseln wie die Soldaten auf ihren langen Stängeln. Bekanntlich ist grüner Mohn opiumhältig. Damit wir Kinder ja nicht in Versuchung gerieten, grüne Mohnkapseln zu probieren, warnte uns der Vater eindringlichst, denn dann würden uns *„Mognstaudn baim Oasch aussi wochsn“*. Bum, diese Warnung wirkte, denn nie hatte ich Verlangen nach grünem Mohn.

Oben: Alte Ölkanne mit Mohnstängeln.
Links: Prächtig, aber nur von kurzer Dauer, blühende Mohnblumen.

Im Oktober pflückten wir Kapsel um Kapsel in Körbe und schütteten diese auf den Ofen zum Trocknen. Wiederum wurde Kapsel um Kapsel geköpft und entleert. Mit feinen Sieben gereinigt wurde der Anteil für Mehlspeisen und Samen beiseite gegeben. Aus dem übrigen Mohn wurde in der Ölmühle in Deutschlandsberg Öl gepresst. An diesem Tag duftete das ganze Haus vom frischen nach Hause gebrachten Öl. Aus einem Schüsselchen tunkten wir mit Schwarzbrot gleich eine Kostprobe davon. Dies war uns eine willkommene Abwechslung.

Tief im Fett stehende Mohnnudeln waren bei uns am Vortag eines großen Festes wie Weihnachten oder Ostern Tradition. Das waren selbst gemachte Bandnudeln, die leicht gezuckert und dick mit klebrigem Mohn bestreut wurden. Den Mohn röstete meine Mutter ganz vorsichtig im Rohr, mein Vater stampfte ihn dann im Mörser. Dabei war ich ihm natürlich behilflich. Ich durfte jeweils nur zwei bis drei Esslöffel Mohn einfüllen. Den stampfte mein Vater vorsichtig, damit der Mohn nicht aus dem Mörser geschleudert wurde. Fertig war er, wenn der Mohn ölig und klebrig war. Diesen kratzten wir dann aus dem Mörser, was eine sehr genaue, langwierige und verantwortungsvolle Aufgabe für uns beide war.

Blumensandkuchen

Von der Zeit zum Spielen, vom Bravsein und vom Lernen

Auch zum Spielen mit meiner Schwester Tilde war genug Zeit. Unsere Sandspielküche unter freiem Himmel war komplett eingerichtet mit leeren Schuhcremedosen als Töpfe und Kuchenformen, Fichtenholzquirl und Nudelwalker und natürlich auch mit einem alten rostigen Messer. Löwenzahnblätter sammelten wir für Salat, das Binsengras war unser Schnittlauch. Auch kleine Körbe flochten wir damit. Unsere Milch bereiteten wir mit einem kleinen Patzen Kalk.

Für den Blumensandkuchen rührten wir aus Sand und Wasser einen dicken Brei an. In eine Form legten wir Margeriten- oder Löwenzahnblüten und füllten sie mit unserem Sandteig. Nachdem wir den Sandkuchen in der Sonne antrocknen ließen, stürzten wir ihn und wünschten uns einen „guten Appetit“.

Waren wir mehrere Kinder, so spielten wir „Faules Ei“ oder *„Fota laich mia die Schaa“* oder „Wer fürchtet sich vorm schwarzen Mann?“

Zur Sprach- und Konzentrationsübung hatten wir zahlreiche Reime wie z. B. „Es war einmal ein Mann …“ oder „Ringe, ringe Reia …“.

Auf dem Heimweg von der Schule gingen wir Kinder selten auf der Straße. Es fuhren kaum Autos, höchstens eines in der Woche. Wir hörten dann schon von weitem das laute Motorengeräusch und voll Respekt vor diesem technischen Ungetüm verschanzten wir uns so lange im Straßengraben, bis es endlich vorbeigefahren war.

Ein lustiges Spiel war das „Grabenwauckerlspiel". Als Wauckerl bezeichneten wir allgemein einen kleinen Hund, ein kleines herziges Kind oder eine Laus. Das *Grobmwaugerl* versuchte die Mitspieler beim Überqueren der Straße von der linken auf die rechte Straßenseite zu erwischen. Gelang ihm das, musste der Gefangene als *Grobmwaugerl* weiterspielen.

Viel Spaß machte es, wenn beim Versteckenspielen ausnahmsweise auch die großen Geschwister mitmachten.

An langen Winterabenden ging es beim Pick Pick oder falschen Tourhak-Kartenspiel mit großem Gejohle darum, wer beim Schwindeln am raffiniertesten war.

Langweilig war es mir als Kind nie!

Jeden Muttertagsmorgen überreichte ich meiner Mutter einen sorgsam und liebevoll gepflückten Wiesenblumenstrauß mit Vergissmeinnicht, Sumpfdotterblumen, Pechnelken und zarten Gräsern. Natürlich sagte ich auch immer ein Muttertagsgedicht auf, das mit dem „Ich hab dich lieb, lieb Mütterlein" endete. Dankend strich mir meine Mutter über das Haar und sagte dazu: *„Tua nua schea brav sain!"*

„Brav sein" hatte für mich als Kind die Bedeutung von absolutem Gehorsam. Das hieß Äußerungen, Anordnungen und Demütigungen von Vorgesetzten, älteren Geschwistern und Erwachsenen kritik- und widerspruchslos anzunehmen und sich nahtlos in die anfallende Arbeit einbringen sowie geduldig und demütig die geforderten Aufgaben erfüllen. Das vorgegebene Gedankengut an-

Klein Anna als Blumenkönigin.

nehmen und nicht zu hinterfragen, nicht zu eigenständig sein und keinen ausgeprägten Eigenwillen haben war oberstes Gebot.

Versuchte ich aufzumucksen, hieß es gleich: *„Bist no net maren."* Das bedeutete, dass ich noch nicht großjährig sei und damit auch kein Recht habe mitzureden.

Das war aber nicht nur meine Situation, sondern die allgemeine Auffassung von Erziehung.

Wir Kinder wurden auch nie nach unseren schulischen Leistungen gefragt. Mein Vater überprüfte am Zeugnistag lediglich die Betragens- und Religionsnoten. Wichtig war ihm allenfalls unsere Mithilfe bei der Arbeit.

Darunter litt aber meine lernfreudige Schwester Josefa sehr. Daher borgte sie sich heimlich, ohne dass es der Vater bemerken durfte, von Bekannten in der Stadt Bücher aus. Ebenso heimlich musste sie diese lesen und studieren.

Weinbeerlbrot

Vom Sterben

Wastl, der Knecht des Dorfwirtes, war so, wie er gelebt hatte, still und einsam, in seiner Kammer gestorben.

Nur wenige Leute waren zur Totenwache gekommen. Ich war damals etwa zwölf Jahre alt und saß mit den Trauernden in der großen Wirtshausküche. Dabei beobachtete ich die Wirtin, wie sie öfters ins Rohr schaute und etliche Gugelhupfformen nachdrehte. Ein köstlicher Duft strömte jedes Mal heraus. Fertig gebacken stürzte sie ein Weinbeerlbrot um das andere aus den Gugelhupfformen.

Nie im Leben werde ich den Glanz dieses Gebäckes vergessen. Auch für den Knecht sparte die gute Wirtin nicht mit Fett im Gugelhupf. Sie hat für ihn sogar ein *Waiberlbrout,* ein Milchbrot mit vielen Rosinen, gebacken, obwohl für die Wacht einfaches weizenes Brot üblich war.

Kam die Nachricht von einem Todesfall, so war es selbstverständlich, *auf d' Wocht,* zur Totenwache, zu gehen.

Im Trauerhaus ging man zuerst zum Verstorbenen, der in einem kleinen Stüberl aufgebahrt war. Kerzenlicht flackerte, die Bahre war mit Efeu, Tannenreisig, Kränzen und Blumen, im Winter mit Papierblumen liebevoll geschmückt. Zum Gebet kniete man an der Bahre nieder. Mit einem Reisigzweig sprengte man Weihwasser auf den Toten. Um den Verstorbenen noch einmal zu sehen, hob man das Bahrtuch. Als Bahrtücher waren feine weiße Leinentücher für solche Fälle gerichtet. Ein naher Verwandter ging zum Pfarrer, um den Begräbnistermin zu

Waiberlbrout und verschiedene Gugelhupfformen.

vereinbaren. Auch nach dem Sargtischler wurde geschickt und der Totengräber verständigt.

Ganz selbstverständlich wurde der Verstorbene von den Angehörigen und Nachbarn aufgebahrt, sorgsam gewaschen und gekämmt für die letzte lange Reise. Den Verheirateten wurde das Hochzeitsgewand angezogen.

Nachdem den Angehörigen Beileid ausgesprochen wurde, suchten sich die *Wochter* in der großen Stube ihren Platz. Der Vorbeter saß mit den älteren Männern am Stubentisch, ins Kartenspiel vertieft. Oft ging es sehr laut dabei zu. Die älteren Frauen bildeten meist nahe dem Herd eine Runde. Dort banden sie Kränze, bastelten Papierblumen und tauschten nebenbei Erfahrungen über Krankheit, Pflege und Tod aus.

Erst um Mitternacht wurde mit dem Beten begonnen. Nach dem Gebet wurden Most und Körbe mit Weizenbrot herumgereicht. Nur dem Vorbeter wurde eine Fleischjause aufgetischt.

Am Begräbnistag kamen die Angehörigen und Nachbarn wieder zum Trauerhaus. Der traurige Anlass wurde gleichzeitig genützt, um Stall und Hof gründlich zu besichtigen, da man sich ja wegen der oft weiten Entfernungen nur selten traf. Dazu wurde alles auf das Gründlichste sauber gemacht. Ansonsten ruhte die Arbeit.

Fast immer fuhr ein schön herausgeputztes Pferdegespann den Sarg zur Kirche, gefolgt von der betenden Trauergemeinde.

Nach dem Begräbnis läuteten die Glocken. War ein Mann gestorben, schlug zuerst die große Glocke an, bei einer Frau die kleine. Mein Vater erzählte oft von Begräbnissen armer Leute, für die keine Glocke geläutet wurde.

Es hieß, sie wurden *„aufs Gatta gstöllt"*, was soviel bedeutete, als dass sie auch jetzt noch durch den Rost fielen.

Während des Begräbnisses verheizte daheim der Haushüter den Strohsack des Verstorbenen, um das Übertragen von Krankheiten zu verhindern.

Das Verhalten der Angehörigen beim Begräbnis wurde von Moral- und Anstandshütern genauestens beobachtet und beurteilt. Entsprach das Trauerverhalten deren Erwartungen, war es *„a scheane Laich."*

Nach dem Begräbnis gab es das Totenmahl beim Dorfwirt. Dort wurde wie zum Festmahl aufgetischt.

Die Trauergäste saßen meist etliche Stunden beisammen. Speis und Trank, Gemeinschaft und Gebet halfen wohl ein wenig, die Trauer und den Schmerz zu lindern.

Kletzenbrot

Vom Thomastag und vom Rorategehen

Mutters Kletzenbrot wurde im wahrsten Sinne des Wortes seinem Namen gerecht, denn außer ein paar weichen, süß gedörrten Birnen war nichts drinnen. Den mit Wasser abgekneteten Weizenmehlteig hat meine Mutter ausgewalkt und mit den Kletzen belegt. Dann hat sie den Teig zusammengerollt und ihn im Ofenrohr gebacken. Das Brot schmeckte mir überhaupt nicht.

Heute backe ich mein Kletzenbrot nach einem ganz anderen Rezept. Auch mit den Kletzen spare ich dabei nicht, und so ist das Brot, im Gegensatz zum Kletzenbrot meiner Mutter, angenehm saftig.

Bei meiner Tante in unserem Dorf stand am sonnigen, windgeschützten Grabenrain ein Nussbaum. Daher waren in ihrem Kletzenbrot zusätzlich ein paar Nusskerne, die den Geschmack des Brotes angehoben haben. Angeschnitten wurde das Brot am Thomastag, dem 21. Dezember. Es wurde zu den Festtagen gegessen, nicht wie heute im Advent.

Der heilige Thomas wurde von den heiratsfähigen Dirndln als Schutzpatron für eine gute Heirat besonders verehrt. Vor dem Schlafengehen hüpften sie auf ihre Strohsäcke und richteten an den Heiligen die Bitte: *„Tumoni, i bitt di, Bettstadl i tritt di, loss mia im Tram erschainen, den Herzollaliabstn, den Mainen."* – Ob der Spruch geholfen hat, das weiß ich jedoch nicht.

Gerne denke ich heute beim Spazierengehen im Schnee daran zurück, wie wir als Kinder durch den Schnee stapfend zur Kirche oder in die Schule gingen.

Sehr viel Arbeit gab es im Advent. Denn außer der Drescharbeit wurden Haus, Hof und Stall auf Hochglanz gebracht. Es war auch noch zum Schlachten, zum Kletzenbrot- und Keksebacken. Aus Freude auf die Festtage nahm man diese Mühe aber gerne auf sich.

Die Rahmkekse waren neben dem Kletzenbrot das einzige Weihnachtsgebäck. Die Kekse mussten mindestens vierzehn Tage abliegen, bevor sie mürbe wurden und richtig gut schmeckten. Natürlich wurde eine große Menge davon gebacken. Aus dem Mürbteig aus Mehl, Zucker, Butter, Eiern und Sauerrahm haben wir mit einer Form Tannenbäume, Hasen, Vögel, Sterne und Herzen ausgestochen. In die Kekse, die auf den Christbaum gehängt wurden, durfte ich mit einem Fingerhut ein Loch stechen. Die winzigen „Abfallkekse" schmuggelte ich in eine Ecke des Backbleches, und grad erst frisch gebacken, waren sie auch schon in meinem Bauch verschwunden.

Im Advent beteten die Hausbewohner, die nicht zur Rorate in die Kirche gingen, täglich vor dem Frühstück den freudenreichen Rosenkranz. Ich ging aber lieber zur Rorate. Die Rorate war im Advent die Frühmesse zu Ehren der Gottesmutter Maria.

Schon um halb sechs Uhr stand ich mit meinen beiden älteren Schwestern Tilde und Pepi auf. Im Dunkeln suchten wir unsere Kleider und tasteten uns in die Stube, wo meine Mutter meistens schon am Einheizen war. Vom Herd strömte wohlige Wärme aus. Aus den Ritzen der Herdplatte flackerte auch ein wenig Licht, das den matten Schein der Petroleumlampe etwas unterstützte. Dicht am Herd kleideten wir uns an. Auch die heiße Milch tranken wir dort, um uns für den Weg durch den kalten Wintermorgen aufzuwärmen.

Eine Laterne spendete uns Licht in der stockfinsteren Winternacht. Oft kam auch meine Mutter mit zur Rorate. Wenn wir bergwärts durch den Schnee stapften, sahen wir entfernt oft Laternenlichter von anderen Rorategehern. Die Wanderungen durch den mondhellen Morgen sind mir besonders in Erinnerung geblieben. Immer wieder drehte ich mich um, um das mondbeschienene Koralmmassiv zu bestaunen. Die langen Schatten von uns und den Bäumen waren für mich wie ein Schauspiel. In niederen Bäumen am Straßenrand vermeinte ich oft Gestalten wahrzunehmen, die auf uns lauerten. Damals lernte ich auch, meine Furcht zu überwinden.

Von weitem waren die hellen Kirchenglocken zu hören, die eine viertel Stunde lang die Rorate einläuteten. Besonders stolz war ich, wenn ich beim Läuten helfen durfte. Zuerst brachte ich die kleine Glocke zum Klingen, nach fünf Schlägen folgte die mittlere, nach weiteren fünf Schlägen die große Glocke. In umgekehrter Reihenfolge wurde das Läuten beendet. Ich war sehr bemüht, beim Läuten im richtigen Rhythmus zu bleiben. Die Glocken mussten schwingen, dazu war der Glockenstrick nach dem Herunterziehen im richtigen Moment locker zu lassen.

Wenn in der Kirche die Orgel erklang, war das immer besonders erhebend für mich. Mit Innigkeit und großer Freude sang ich die schönen Adventlieder. Heute noch kann ich die damalige Stimmung in der kerzenbeleuchteten Bergkirche nachempfinden.

Miazerlkouch

Vom Heiligen Abend und vom Christtag

Am Heiligen Abend war bis elf Uhr strenger Fasttag. Daher eilten alle Hausangehörigen nach dem Morgengebet sofort zur Arbeit in Haus und Stall, um bis elf Uhr fertig zu sein. Die Vorfreude auf das Essen war riesengroß. Meine Mutter hatte für die Hungrigen schon das *Miazerlkouch* bereit. In heiße gesalzene Milch hat meine Mutter etwas Mehl eingerührt und in einer großen Schüssel angerichtet. Der Vater schnitt einen Laib Weizenbrot in mundgerechte Brocken, die von der Mutter über das gezuckerte *Miazerlkouch* gehäuft und mit viel Butterschmalz übergossen wurden. Alle aßen begierig und das harte Fasten war vergessen. Auch die Mohnnudeln als zweites Gericht standen tief im Fett. Die selbst gemachten Bandnudeln wurden leicht gezuckert und dick mit klebrigem Mohn bestreut. Nach dem ausgiebigen Fasten vor jedem großen Fest, wie eben Weihnachten, Neujahr oder Ostern, waren am Vortag das *Miazerlkouch* und die Mohnnudeln Tradition. Quasi als Fastenbrecher warnten diese Speisen den Magen: „Pass auf, es kommt noch dicker an den folgenden Festtagen!"

Am Nachmittag des Heiligen Abends schmückten wir Mädchen den Christbaum. Ich wickelte Würfelzucker in weißes Fransenpapier. Dies, ein paar Kekse, rote Äpfel, Kerzen und ein wenig Lametta war der Christbaumschmuck. Der Baum wurde dann mit dem Wipfel nach oben an der Stubendecke befestigt.

fast ebene Weg vom Heimathaus in die Ortschaft Trahütten, der für mich gleichzeitig ein schöner Spaziergang war. Der andere Grund war, dass kirchliche Feste und Feiern die einzige Abwechslung zum Alltagsleben boten.

Begeistert sang ich schon als Schulmädchen im Kirchenchor mit. Ich brauchte mich nicht in die enge Kirchenbank zu zwängen und hatte noch dazu einen herrlichen Überblick von der Empore aus über das Geschehen im Kirchenraum.

An großen Festtagen wie eben Weihnachten, aber auch zu Ostern oder zu Pfingsten war das Hochamt ein „Rauchamt". Zu gewissen Teilen der heiligen Messe, z. B. beim Evangelium oder beim Sanctus, kam der Mesner mit dem Rauchfass aus der Sakristei. Auf die Glut streute der Pfarrer ein wenig Weihrauch, und schon qualmte es aus dem silbernen Fässchen, das an langen, feingliedrigen Ketten befestigt war. Mit dem Weihrauchfässchen erteilte der Pfarrer jeweils in alle vier Himmelsrichtungen den Segen. Bis zum Tedeum war jeder Winkel des kleinen Bergkirchleins vom exotisch duftenden Qualm des Weihrauches erfüllt.

Nicht nur meine Seele war davon berührt, auch das Kirchengewand war von diesem Duft durchdrungen, der mich sogar noch auf dem Heimweg begleitete.

Daheim wurde dann dieser mystische Duft vom Geruch des Festessens, das meine Mutter bereits zubereitet hatte, abgelöst.

Auch das Vieh sollte von diesem Festtag etwas spüren, denn es wurde am Christtag nicht nur in der Früh und am Abend, sondern sogar zu Mittag gefüttert.

Am Nachmittag des Christtages war ich noch einmal Richtung Kirche zur Vesper unterwegs. Mit den wenigen

Anwesenden sang ich schöne Weihnachtslieder und der Pfarrer sprach kurze Gebete. Oft spazierte ich auch singend wieder heim.

Zu Hause herrschte an diesem Nachmittag immer absolute Ruhe. Eltern und Geschwister erholten sich an diesem hochheiligen Tag von der Arbeit und den vielen Festvorbereitungen.

Semmelboggerl

Vom Stephanitag bis zum Dreikönigstag

Am Stephanitag, dem zweiten Weihnachtsfeiertag, hatte bei uns das *Semmlboggerl* Tradition. Als Nachspeise anstelle der Festtagskrapfen war es das Köstlichste aller Feiertagsgerichte.

Mindestens fünfzehn Semmeln ließ meine Mutter dafür in einem Leinensackerl an der Luft antrocknen. Die zähen, blättrig geschnittenen Semmeln sogen viel mit Eiern verquirlte Milch auf, wodurch das Gericht besonders locker und flaumig wurde. Auch mit Rosinen, den *Waiberln,* sparte meine Mutter nicht. Die große eiserne Rein war gupfet voll mit dem goldgelben Leckerbissen. Voller Ungeduld wartete ich, bis die leckere Süßspeise endlich überkühlt war und ich kräftig zulangen konnte.

Am Vormittag des Stephanitages stand wieder der Kirchgang auf dem Programm. Am Nachmittag klapperten die Stricknadeln in den Händen der Frauen, und die Männer spielten Karten.

An diesem Tag wurden auch die schweren Arbeitspferde von den Fuhrknechten ausgeritten, da sie nach zwei Tagen Stehzeit dringend bewegt werden mussten. Bei längerer Ruhe drohte die Gefahr, dass das Pferd durch plötzliches Blutstocken verendet. Im Volksmund wurde diese Krankheit als *Kraizschlog* bezeichnet.

Am darauf folgenden Tag, am Fest des heiligen Johannes des Täufers, ließ mein Vater in der Kirche ein kleines Flascherl Wein weihen. Jedes Familienmitglied bekam einen kleinen Schluck davon fürs Wohlergehen zu trinken. Die Weinbauern schütteten in jedes Fass ein wenig von diesem gesegneten Wein.

Am Unschuldigen Kindertag ging ich frühmorgens von Haus zu Haus und schlug sachte auf jeden, den ich antraf, mit einer Birkenrute ein. Immer wieder plapperte ich den wohlmeinenden Spruch dazu: *„Frisch und gsund, frisch und gsund, longi Joa lebm, niks klunzn, niks klogn, bis i wieda kimm schlogn."*

Meist bekam ich ein Stück Kletzenbrot, das ich sofort im Zegger verstaute, weil es mir überhaupt nicht schmeckte. Ein paar Kekse waren mir schon lieber. Richtig erfreut aber war ich, wenn mir jemand ein wenig Geld zusteckte. Um neun Uhr war der Gang zu beenden, um nicht „in den Backofen" zu kommen, was den Verspäteten angedroht wurde.

Daheim machte ich mit dem Inhalt meines Beutels Inventur. Andächtig zählte ich die Schillinge und Zehnerln und rechnete mir schon in Gedanken aus, wie viel Stollwerk ich dafür bekommen konnte.

Am Alten-Jahr-Tag, dem Silvestertag, beteten wir abends extra lang, dankten für das vergangene und erbaten für das kommende Jahr Glück und Segen. Danach verkrochen wir uns in die Betten. Silvesterfeiern war bei uns nicht Brauch.

Am Neujahrstag glaubten die Männer es bringe Unglück, wenn die erste Begegnung eine mit einer alten Frau sei. Viele Frauen blieben daher aus Rücksicht sogar daheim und trugen so dazu bei, den Egoismus und die Einbildung der Männer zu stärken. Der Tag wurde als hoher Festtag begangen. Die Freude über den spürbar längeren Tag war groß. Denn, so sagt es der Volksmund, zu Neujahr ist der Tag einen Hahnkratzer, zu Heiligdreikönig einen Hirschensprung und zu Lichtmess bereits eine ganze Stunde länger.

In der Nacht vor dem Dreikönigstag schrieb ich beim Räuchergang durch Haus und Hof mit Kreide auf jede Tür ein kleines Kreuz. Weil ich noch zu klein war, um hinaufzulangen, besserte mein Vater über der Haustüre die Jahreszahl aus.

Am Dreikönigstag wurde auch der Christbaum wieder abgeräumt. Mein Vater fertigte aus dem abgeschälten Wipfel des ausgedienten Christbaumes noch einen Quirl, der sich beim Kochen als äußerst praktisch erwies.

Rechts:
Durch die Einleitung des elektrischen Stromes veränderte sich auch auf meinem elterlichen Hof die Vorratswirtschaft. Der Schweinsbraten war nun keine Seltenheit mehr.

Ab jetzt auch werktags zum Tagmahl ein Bratel

Von der Veränderung der Vorratswirtschaft und des Kochverhaltens

Ich war neun Jahre alt, als im Sommer 1952 bei uns im Dorf die feierliche Einweihung des elektrischen Lichtes stattfand. Somit hatten wir Strom, der uns das Leben sehr erleichterte. Schon seit dem Frühjahr stellten jene, die in ihr Haus Strom einleiten wollten, in Eigenregie Strommasten auf. Auch meine Brüder halfen dabei tatkräftig mit. Noch händisch gruben die Männer die Löcher, in welche sie die großen Masten aufstellten. Nur durch so viel Eigenleistung waren die Kosten für die Bauern finanzierbar.

Bereits ein Jahr später bekamen wir als erste technische Anschaffung im Haushalt eine Gefriertruhe. Große Überzeugungskunst brauchte es, meinen Vater dazu zu überreden.

Nun änderte sich mit einem Schlag die Fleischvorratswirtschaft und auch die Schweinehaltung. Auf die jahrelange Mast konnte verzichtet werden, weil beim veränderten Kochverhalten von nun an mit ausreichend Frischfleisch das viele Schmalz überflüssig wurde.

Die Nudeln, das Kraut und die Erdäpfel, die für die Hauptspeisen zur guten Sättigung mit viel Schmalz angereichert wurden, waren von nun an nur noch Beilagen. Im Nu drehte sich der Spieß um und jetzt hieß es: „Nur die dümmste Bäuerin hat die größten Sau." Wir schlachteten von nun an die Schweine mit hundertzwanzig bis hundertfünfzig Kilo Gewicht statt mit dreihundert Kilogramm. Das Kochen mit Fleisch war weit nicht mehr so aufwendig. Wenn wir von nun an sonntags immer und werktags öfter zum Tagmahl ein so gutes Bratel hatten, profitierte davon mein Vater, als großer Fleischliebhaber, am meisten. Er gab es aber nie zu und redete trotzdem immer nur von der „guten alten Zeit".

Bei der Umstellung auf eine modernere Haushaltsführung wurde Hilfe von der Bauernkammer angeboten. Dabei leisteten besonders die Haushaltsberaterinnen Pionierarbeit. Sie kamen in die Ortschaften und hielten in Gasthöfen für die Bäuerinnen praktische Kurse, z. B. im richtigen Verpacken und Einfrieren von Fleisch, Gemüse und Brot. Auch Kochkurse für ausgewogene Kost boten sie an, organisierten Fleischverwertungskurse, hielten Fachvorträge über Gartenbau und Hygiene. Damit war die rasante Entwicklung, die bis zum heutigen Standard geführt hat, eingeleitet.

Auch bei uns am Hof machte sich Anfang der fünfziger Jahre der allgemeine wirtschaftliche Aufschwung bemerkbar. Nach Holz und Vieh war eine rege Nachfrage und der Verkauf davon erbrachte gute Erlöse. Damit wurde in Geräte und Maschinen investiert, die die Arbeit sehr erleichterten.

Meine Mutter war für jede Neuerung aufgeschlossen und setzte sie, soweit sie die Möglichkeit dazu hatte, auch prompt um. Viele wehrten sich vehement gegen jede Erneuerung, die Zeit überrollte sie und sie mussten klein beigeben. Meine älteren Geschwister schufen sich eigene Existenzen, und plötzlich waren außer meinen Eltern nur noch mein Bruder Luis als Hoferbe, meine jüngste Schwerster Tilde und ich am Hof.

„Essn und drinkn hopt Laib und Söl zom." Diese durchaus logische Bemerkung war den Leuten bei knappem Nahrungsangebot sicherlich bewusster, als sie es uns heute in den Zeiten des Überflusses ist. Mit einer Selbstverständlichkeit wurde damals noch nur für die Nahrung viel und hart gearbeitet und die Leistung des Einzelnen sogar daran gemessen. Unbarmherzig grob wurden daher faule und ungeschickte Leute, solche mit „zwei linken Händen", mit *„Dea vadiants Wossa zara Suppm net!"* abgestempelt.

Die damalige derbe Kost war für robuste, gesunde Menschen sicher ausreichend und angebracht. Bei schwächlichen Kindern, gebärenden und stillenden Frauen, alten und kranken Leuten jedoch unzureichend. Zweifellos hatten sie wegen Knappheit von Frischfleisch und Gemüse an Mangelerscheinungen von Eiweiß, Vitaminen, Mineralstoffen und Spurenelementen zu leiden.

War es für eine Bäuerin bei der Selbstversorgung eine große Anstrengung, alle Mäuler satt zu kriegen, so ist es heute bei der Fülle der großen Angebote an Lebensmitteln eine Herausforderung, Maß zu halten. Recht bald wurde es des guten Essens zu viel. Heutige Zivilisationskrankheiten wie Gicht, Rheuma, Diabetes, Bluthochdruck und Übergewicht sind meist der Über- und Fehlernährung zuzuschreiben.

Aus heutiger Sicht hatte ich eine karge Kindheit. Trotz allem behaupte ich, dass es für mich ein ausgefülltes, intensives Leben war und ich diese Zeit durchaus nicht missen möchte. Abgeschirmt von allen äußeren Einflüssen, ohne Vergleichsmöglichkeiten, litt ich an keinen Entbehrungen. Immer war genug zum Essen da und ich brauchte nie Hunger zu leiden. Gerade mit den Erfahrungen der mühevollen Arbeit, die nur für die elementarsten Bedürfnisse aufgewendet wurde, weiß ich die heutigen Vorteile sehr gut zu schätzen und zu nützen. Unvergleichlich einfacher, wenn auch durch höhere Ansprüche nicht immer mit weniger Arbeit verbunden, ist die heutige Haushaltsführung. Küchenmaschinen und Mixer helfen mir beim Kochen und Teigkneten oder beim Gemüseschneiden. Mit Gewürzen aus aller Welt kann ich die Speisen verfeinern. Immer frisch und griffbereit habe ich die Lebensmittel für den täglichen Bedarf im Kühlschrank. Sicher weiß ich die Fleischvorräte in der Tiefkühlung verwahrt. Die Vorratswirtschaft hat zum Teil ihre Bedeutung verloren. Denn jederzeit kann ich ein fehlendes Lebensmittel im Supermarkt kaufen.

Von Mutters Verhalten, ihrer Liebe zum Kochen, von ihrem sorgsamen Umgang mit den Lebensmitteln habe ich ein Quäntchen vererbt bekommen und darf dies nun selbst weitergeben.

Und dafür danke ich ihr.

Bandnudeln

Rezepte aus Mutters Küche zum Nachkochen

Erdäpfelboggerl *(Ruamboggerl)*

Noch heute koche ich für meine Familie und für meine Gäste Gerichte aus Mutters Küche.

Hier finden Sie einige dieser Rezepte zum selber Ausprobieren und Nachkochen.

„Guatn Appetit!"

Die angegebene Mengenangabe reicht für vier Personen.

Bandnudeln

12 El Mehl
4 Eier
1 El Speiseöl
Salz
1 El Schmalz
oder Butter

Die Zutaten zu einem festen Teig kneten, in zwei Teile teilen und eine viertel Stunde rasten lassen. Dünn auswalken, zum Trocknen auflegen. Angetrocknet das Blatt vierteln, zusammenlegen, einrollen und in etwa $^1/_2$ cm breite Streifen schneiden und auflockern. In reichlich Salzwasser kochen und in etwas Fett oder Butter schwenken.

Erdäpfelboggerl (Ruamboggerl)

1 kg Erdäpfel
Salz
Kümmel
Knoblauch
1 El Schmalz
$^1/_4$ l Rahm

Kasserolle befetten, die rohen, blättrig geschnittenen Erdäpfel einschichten, Salz, Kümmel und gepressten Knoblauch darunter mischen, den Rahm darüber schütten und bei mittlerer Hitze im Rohr backen.

Flegglnudeln

12 El Mehl
4 Eier
1 El Speiseöl
Salz

Die Zutaten zu einem festen Teig kneten, in zwei Teile teilen und eine viertel Stunde rasten lassen. Dünn auswalken und im mäßig warmen Rohr trocknen und etwas bräunen. Die spröden Teigblätter in kleine Stücke brechen und in reichlich Salzwasser kochen, abseihen und in Butter oder Fett schwenken.

Rahmgurken

2 Salatgurken
2 Becher Sauerrahm
Salz
Pfeffer
Kümmel
Knoblauch

Die geschälten und blättrig geschnittenen Gurken mit Sauerrahm und den Gewürzen abmachen. Besonders gut schmecken dazu heurige Erdäpfel.

Schnapskrapfen

Germteig:
$^1/_2$ kg Mehl
$^1/_2$ Würfel Germ
$^1/_8$ l Milch
2 Eidotter
1 El Zucker
Prise Salz
1 El Rum
Zitronenschale
Vanillezucker

Germteig zubereiten und aufgehen lassen. Fingerdick auswalken. 1 x 1 cm große Quadrate ausradeln, langsam im Fett herausbacken und abtropfen lassen.

Schnapsmischung:
$^1/_2$ l schwarzer Tee
4 El Honig
Saft einer Orange
$^1/_8$ l Schnaps (oder nach Belieben mehr)

Honig in heißem Tee auflösen, Orangensaft dazugeben und mit Schnaps abschmecken. In einer Schüssel anrichten und die Krapfen darin tunken lassen.

Schoatlakropfn

10 El Mehl
5 El Süßrahm
1 El Branntwein
oder Rum
Prise Salz

Mit den Zutaten einen Mürbteig kneten, kurz rasten lassen, auswalken und 3 x 3 cm große Rechtecke ausradeln. Im heißen Fett herausbacken und mit Staubzucker bestreuen.

Schwarzbeerboggerl

Palatschinkenteig:
$^1/_4$ l Milch
3 Eier
6 El Mehl
Prise Salz
1 El Schmalz
Schwarzbeeren
Zucker und Zimt
zum Bestreuen

Milch, Eier, Mehl und Salz versprudeln. In einer Rein das Schmalz zerlassen, fingerdick den Teig einfüllen, Schwarzbeeren daraufgeben, mit Zucker und Zimt bestreuen und bei guter Hitze im Rohr backen.

Tegelkrapfen

Die Masse reicht für
eine Form mit
7 Modeln:

2 Eier
4–5 El Milch
3 El Mehl
Prise Salz

In die Model jeweils eine Messerspitze Butter geben und die Form erwärmen. Sobald die Butter geschmolzen ist, den Teig fingerdick in die Model einfüllen und bei guter Hitze im Rohr backen. Mit Preiselbeeren füllen und heiß servieren.

Zaunbändernudeln

12 El Mehl
4 Eier
1 El Speiseöl
Salz
(oder Nudelteig – siehe „Bandnudeln" – zubereiten)
2 El Butter oder
4 El Grammeln zum Abschmalzen

Zwei Nudelblätter dünn auswalken, mit Rahm bestreichen und mit frischen, fein gewiegten Kräutern bestreuen. Einrollen, in einer Stoffserviette oder im Einsatz über Dampf 20 Min. ziehen lassen. In zwei Finger breite Streifen schneiden und mit heißer Butter oder heißen Grammeln anrichten.

Fülle:
2 Becher Sauerrahm
oder Crème fraîche
klein geschnittene
Kräuter (Schnittlauch,
Petersil, Basilikum,
frischer Majoran)

Als Beilage schmeckt dieses Gericht ohne Butter oder Grammeln besonders zu Rindsbraten oder Wild.

Dank

An dieser Stelle möchte ich mich bei all jenen Menschen sehr herzlich bedanken, die am Gelingen dieses Buches maßgeblich beteiligt waren.

Besonderer Dank gehört in erster Linie meiner Familie, die mich in jeglicher Hinsicht beim Werden dieses Buches unterstützte.

Weiters bedanken möchte ich mich bei Dr. Franz Siegfried Wagner, der die Idee zu diesem Buch lieferte und mich dazu bewegte, meine Erinnerungen über die bäuerliche Kost und Selbstversorgung schriftlich festzuhalten, sowie bei meiner Nichte Mag. Maria Brunner für ihre beratende Unterstützung, die Zusammenstellung und Überarbeitung der Texte als auch für die Erstellung des Glossars.

Ein aufrichtiges Danke gebührt auch meiner Tochter Maria Carbonari und meiner Freundin Emmi Resch, die sich die Mühe machten, meine handschriftlichen Aufzeichnungen in den Computer einzugeben, sowie dem Fotografen Engelbert Pammer, der es verstand, eindrucksvolle Bilddokumentationen für dieses Buch zu schaffen. Herzlichen Dank an Frau Erika Seidl für die fachliche Beratung.

Weiters bedanken möchte ich mich bei meinen Geschwistern, meinen Freunden und Bekannten, die mir in vielen, oft stundenlangen Gesprächen wertvolle Hinweise und Auskünfte gaben und damit dieses Buch bereichert haben. Besonders gedenke ich meiner beiden im Vorjahr verstorbenen Brüder Franz und Luis, die mir beim Verfassen des Buches noch mit wertvollen Informationen behilflich waren.

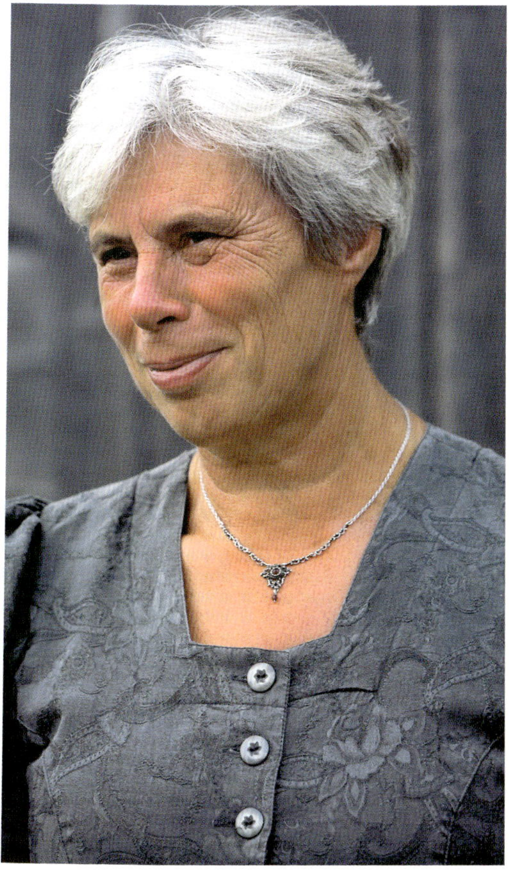

Johanna Reinisch

Begriffserklärungen

Am	Spreu
Assert	großes Gefäß
Bär	Eber
bauen	pflügen
Beten, die	Rosenkranz
Brechel	Gerät zum Bearbeiten des Flachses
Brort	Rand
Brotrem	Hängendes Gerüst, auf dem in gleichmäßigen Abständen halbrunde Fichtenbögen gespannt waren. In diesen Zwischenräumen hingen die großen Brotlaibe und hielten sich so für längere Zeit saftig.
Bürstlingwiese	Wiese mit sehr steifem Almgras
dengeln	Schärfen der Sensenschneide durch Hämmern
Drusch	Dreschen
Egat	Eine einige Jahre nicht gepflügte Wiese
einführen	(Ernte) einbringen
Fadel	junges Schwein
Fadelsau	Muttersau
Farferl	Teigflocke, Suppeneinlage
Feitel	Taschenmesser mit Holzgriff
Führtuch	Schürze
Funzerl	wenig
Garbenhut	Eine Abdeckung aus Garben für den Getreideschober. Zum Ableiten des Regenwassers und vor Schutz gegen eindringende Nässe.
Geschiede	Grenze
Getratsche	Gerede
Getreidesense	Aufbau am Sensenwurf *(Woaf)*, der hölzernen Handhabe, die verhindert, dass das gemähte Getreide zerrüttet.
Güte	Klasse, Wert einer Speise
gupfet voll	gehäuft, bis zum Rand voll
Kauderwelsch	Durcheinander
Koch	Brei

Krautgrube	Eine etwa zwei Meter tiefe Erdgrube, die mit Steinen ausgelegt war. Darin wurden die ganzen Krautköpfe gelagert.
Labm	Vorhaus
Läuterich	Butterschmalz
Lagern des Getreides	Knicken des Getreides nach heftigen Regengüssen
lanzeln, Lanzler	faulenzen, Ruhepause
Leich	Begräbnis
Leitzschüssel, Leitzkorb	rundes Gefäß zum Aufgehen der Brotlaibe
Kimm	Kümmel
Knofel	Knoblauch
Kratzel	(Geschirr-)Kratzer
Kummet	Um den Hals gelegter Geschirrteil bei Zugtieren.
Mahd	Wiesenmähen
Mahder	Mäher
Multer	Ein aus einem Stück Holz gearbeitetes Gefäß
Nagerl	Nelke
Ofenschüssel	Ein an einem langem Holzstiel befestigtes rundes Brett, mit dem die Brotlaibe in den Backofen „eingeschossen“ wurden.
pampfig	dickbreiig
Petersil	Petersilie
Pilzling	Herren- bzw. Steinpilz
Rein	gusseiserne Pfanne
Reiter, reitern	Sieb, sieben
reuten	roden
Rupfen	grobe aus Flachs gesponnene Leinwand
Schaff	Holzbehältnis
Schober	geschichteter Getreidehaufen
Schubser	zarter Stoß
Sechter	hölzernes Gefäß
Sparren	Schräghölzer eines Daches, die die Dachlatten und die Schindeln tragen
Tagmahl	Mittagessen
Tegel	Gefäß
Tegelbrot	eine Germspeise, in einer irdenen Form gebacken
überständig	überaltert, zu alt
Wamperl	Bäuchlein

Wauckerl	Bezeichnung für kleine Kinder, kleine Hunde und Läuse
Weitling	großes Blechgeschirr
Werg	Flachsabfall
Wuchtel	gebackene Germspeise mit Marmeladefüllung (auch „Buchtel“)
Zegger	Tasche
Zuber	Holzbottich
Zwiefel	Zwiebel

Mundartwörter

Weststeirische Mundartwörter sind im Text entweder in der Art ihrer Aussprache (sichtbar gemacht durch die kursive Schreibweise) oder in ihrer verhochdeutschten Schreibung nach Claus Jürgen Hutterer (Hg.), Weststeirisches Wörterbuch. Grammatik und Wortschatz nach Sachgruppen, gesammelt von Walter Kainz und Eduard Walcher, Schriften zur deutschen Sprache in Österreich 13/14 (Wien/Graz u. a. 1987) zu finden.

a, an	ein, einen
a no	auch noch
aufg´setzt	aufgesetzt
Ausehn	Ansehen
aussi	hinaus
ba, baim	bei, beim
Bairin	Bäuerin
Baucherl	Bäuchlein
Bauchwea	Bauchweh
bessa	besser
bettaini	ins Bett hinein
blaib	bleib
bloaßfuaßat	bloßfüßig (kann auch minderjährig bedeuten)
Blotschregn	Platzregen, Wolkenbruch
Bluat	Blut
Boa	Knochen
Boalaobnoschn	Knochenabnagen, Knochenabnaschen
Bochwossa	Bachwasser
Boggerl	im Backrohr zubereitete Speise
Bondnudl	Bandnudel
Brout	Brot
Bua	Bub
da	der

dai	dein
dei, dea	die (Frau), der (Mann)
dengln	dengeln
di, dia	dich, dir
Diandl	Dirndl
do	hier
Doag	Teig
Dog	Tag
Domol	Tagmahl, Mittagessen
dos	das, damit
Doudl	Todel, Schimpfwort
Doukta	Doktor, Arzt
Dreapm	Schimpfwort für eine Frau
drinkn	trinken
duk di	bück dich
Ehnaufführn	Erdarbeit
erschainen	erscheinen
essn	essen
fatn	letztes Jahr
fia	für (ein)
Finga	Finger
Flegglnudln	Fleckerlnudeln
Foaferln	Farferln (Teigflocken), eine Suppeneinlage
Fötta	Führtuch, Schürze
Foschndog	Faschingdienstag
Fota	Vater
Fruajoa	Frühjahr
Fruasti	Frühstück
gampat	gefüttert
Gatta	Gatter
gea	gehen
gfuatat	gefüttert
glai	gleich
gläigt	gelegt
Gougga	Gocker, Schimpfwort
Grean	Trottoir
Grobmwaugerl	Grabenwauckerl, als Wauckerl wurden kleine Hunde, kleine Kinder und Läuse bezeichnet

g'schmackig	geschmacksvoll, aromatisch
Gschmölza	Eierspeis
gschwart	mit z. B. Steinen beschwert
G'stanzln	gesungene Verse
gstöllt	gestellt
gsund	gesund
guat, guatn	gut, guten
häst, hätt	hättest, hätte
haia, hait	heuer, heute
Hea	Hühner
Henn	Henne
Herzollaliabsta	Herzallerliebster
Hiasl	Mathias
hiaz	jetzt
hintn nochi	hinterher
Hittn	Hütte
Hoachruknboa	Hochrückenknochen
Hoaland	Liebstöckel, ein Küchenkraut
Hokat	Verhackert
Hoo	Haare
hopt	halt, halten
hot	hat
Hulz	Holz
Hunga	Hunger
i	ich
is	ist
jari	jährig, ein Jahr alt
jo	ja
Joa	Jahr
kaust	kannst du
Kimm, kimmt, kem	Kümmel, kommt, kommen
Kinna	Kinder
klogn	klagen
kluag	sparsam, bescheiden und rar leben
klunzn	jammern, wehleidig sein
koa	kein
Kouch	Koch (Brei)
kouchn	kochen

Koutta	Käfig, der *Ruamkoutta* war ein abgegrenzter Bereich für Erdäpfel im Keller
Kraizschlog	Kreuzschlag, Viehkrankheit
Krautgruam	Krautgrube
Krawattl	Hemdkragen
Kriacherln	Kriecherln, Pflaumenart
Kropfn	Krapfen
Kruag	Krug
Kschie zain	Grenze zäunen
Laib	Leib, Laib
Laich, laichn	Leiche (Begräbnis), leihen
loss	lass
Lebm	Leben
Louch	Loch
loungsom	langsam
Loutta	Mann
Luada	Luder
Ludl	Ludel
mahn	mähen
mai, main	mein, meine
maren	großjährig
mia, mi	mir, mich
Miazerlkouch	Milchbrei
Mistfian	Mistführen
Mitterkrfatsonntag	mittlerer Wallfahrersonntag (der fünfte Sonntag nach Ostern)
mochn, mocht	machen, macht
Moda	Mäher
Mogn	Mohn
mogst	magst du
Mülch	Milch
naini	neun (Uhr)
net	nicht
niks	nichts
no	noch
Noargerl	kleine Menge
Nocht	Nacht
nua	nur

Nudl	Nudel
Nuzn	Nutzen
Oa, oans	Ei, ein(e), eines
oamol	einmal
Oasch	Arsch
Off	Affe
oft	dann
ogmocht	Salat abmachen, gut durchmischen
olles, olli	alles, alle
Olte	Alte (Ehefrau)
pfiat di (aich)	Verabschiedungsformel
pompfn	Essen hinunterstopfen, hinunterschlingen
raffn	raufen, ausraufen
Roaferln	kleine Reifen
Ruam	Erdäpfel
sain	sein
Salot	Salat
sant, samma	sind, sind wir
Schaa	Schere
schbaln, schbalst	daran stoßen, weh tun
schen, schea, scheane	schön
schlogn	schlagen
Schnops	Schnaps
schoa	schon
Schoatla	Schoten
Schodn	Schaden
schtea	stehen
Schuachfezn	Schuhfetzen
Schwoazbeern	Schwarzbeeren
Semml	Semmel
sizn	sitzen
Söl	Seele
Staudn	Gestaude
stü	still
Suppm	Suppe
Tram	Traum
Trauminet	Traumichnicht, Angsthase
Troad	Getreide

Troadfua	Getreidefuhr
Troadschrain	Getreideschrein
Troadstoß	Getreidestoß
tuan	tun
Tumoni	Thomas
überbliem	übriggeblieben
umma	herum, herüber
vadiant	verdient
Vergölts Gout	Vergelt's Gott
Waiberln	Weinbeeren, Rosinen
Waiwaz	allgemeine Bezeichnung für eine Frau
war	wäre
Watschn	Watsche, Ohrfeige
Wetta	Wetter
wezn	wetzen
wia	wie
wiad	werden
wickl ain	einwickeln
wieda	wieder
Winta	Winter
Wischtiachla	Taschentücher
woazanes	Produkt aus Weizenmehl
Woazlascha	getrocknetes Maislaub
wochsn	wachsen
Wocht, Wochter	Wache (Totenwache); Totenwächter, die sich zum Gebet des Verstorbenen versammeln
wos	was
Wossa	Wasser
wounst	wenn du
wüll	will
zan, zara	zum, zu der
Zipfl	Zipfel
zohln	zahlen
zom(rumpln)	zusammen(brechen)
zwoa	zwei

Stichwortregister

Abbildungsnachweis

Brunner Maria, Hollenegg
19, 22, 23, 82, 118, 144
Farmer Josef, Deutschlandsberg
103
Kügerl Frieda, Deutschlandsberg
154
Miesbacher Wilhelmine, Glashütten
28, 50
Rämpitsch Anna, St. Oswald ob Freiland
29, 102
Reinisch Aloisia, Deutschlandsberg
161
Reinisch Johanna, Deutschlandsberg
163
Foto Hacker Peter, Bonn
206
Foto Pammer Engelbert, St. Ruprecht a. d. Raab
Titelbilder, 13, 25, 26, 33, 36, 44, 45, 49, 53, 59, 60, 71, 75, 81, 84, 95, 96, 107, 108, 111, 119, 122, 124, 131, 132, 137, 139, 140, 147, 148, 165, 166, 177, 182, 185, 186, 190, 194, 195, 199, 202, 211, 217, 223, 224, 226, 227, 228, 229, 230, 231, 232, 235
Foto Stangl Jürgen, Preding
128, 129
Volkskundemuseum, Graz
110